क्रांति

कविता-संग्रह

अक्षय शिवम् शुक्ला

अंजुमन प्रकाशन

Title : kranti
Author : Akshay Shivam Shukla

Published By-
Anjuman Prakashan
942, Mutthiganj, Prayagraj, 211003
www.anjumanpublication.com
anjumanprakashan@gmail.com

Printed and bound in India.
Paperback, First published by Anjuman Prakashan in 2022
ISBN : 978-93-91531-99-7
Copyright © 2022 Akshay Shivam Shukla
Printing rights reserved : Anjuman Prakashan 2022
Cover & Typeset by Anjuman Prakashan

Price in india: 200/-

समर्पण

"मेरे साहित्यिक गुरु
पद्मश्री डॉ. अशोक चक्रधर जी के
चरणों में सादर समर्पित"
-अक्षय शिवम् शुक्ला

अपनी बात

'क्रांति' कविता संग्रह मेरा प्रथम प्रयास है। आप साहित्यप्रेमियों के सम्मुख रखते हुए हृदय संकोच से भर जाता है, क्योंकि यह आह्वान है सर्वसमाज का जो विभिन्न विसंगतियों में अपने जीवन को ढो रहा है, और मनुष्यता के आदर्श मानकों को खोकर जीने के लिए मजबूर है।

'क्रांति' कविता संग्रह के माध्यम से मेरा सिर्फ इतना सा प्रयास है कि एक परिवर्तन का बिगुल फूँका जाये। जिसके माध्यम से हम अपना दृष्टिकोण बदलकर नैतिक और आदर्श मनुष्य के चरित्र को जीने का अभ्यास करें। यहाँ एक प्रयास जो सहज है उसमें इस बात को बलपूर्वक कहा गया है कि परिवर्तन प्रकृति के मूल में है, और रचनाकार समाज के सृजन में है, और वह समाज को शिल्प देकर एक सभ्य और आदर्श समाज का आह्वान कर रहा है।

यह कि इस कविता संग्रह में समाज में जो निरन्तर पीड़ित और शोषित वर्ग जिसको सर्वहारा के नाम से चिन्हित किया जाता है उस सर्वहारा समाज की आवाज को बुलंद कर एक आह्वान किया गया है जिसमें वो अपनी स्थिति और पीड़ा का गान करता हुआ शोषक वर्ग को अपने विचारों को बदल देने का और अपनी आदतों में परिवर्तन लाने का प्रयास करने का मुख्य रूप से आह्वान किया गया है।

इसी क्रम में जो सर्वहारा है उसका जीवन क्रम क्या है? और उसके जीवन में उसका संदर्भ क्या है? इस चित्र को भी रेखांकित करने का प्रयास किया गया है। आशय यह है कि जो सहज रूढ़िवादिता है और अमीर-गरीब के बीच की जो खाई है उसकी गहराईयों को मापने का भी प्रयास और उसके चित्र को कविता के माध्यम से उकेरने का प्रयास किया गया है। साथ ही इस बात को मुखरित करने का प्रयास किया गया है कि वह अपने लिए किसी मसीहा के नाम पर छलावा को भी जान चुका है और वह अपना मसीहा स्वयं है।

'क्रांति' मुख्य आह्वान परिवर्तन के लिए है। यह उस वर्ग की जीवन गाथा है जिसने अपना न्याय तक शोषण और अभाव के रूप में प्राप्त किया है।

यहाँ पर सर्वहारा के मसीहा बने चेहरों को भी बेनकाब करने की कोशिश

की गयी है जो सर्वहारा के मसीहा बनकर अपने लिए एश्वर्य एकत्र करते हैं और मसीहा बनकर उसे लूट रहे हैं। क्रांति इसी विरोध का स्वर है जो मेरी लेखनी के माध्यम से प्रकट किया जा रहा है।

रचनाकार आशान्वित है कि वह समाज की नैतिक विसंगतियों को बदलकर भविष्य को एक आदर्श समाज की प्राप्ति कराऐगा और आजादी का सही और सच्चा अर्थ समाज को प्रदान करेगा। स्वतंत्रता के छः-सात दशकों बाद भी आज हम अपने समाज की मूलभूत आवश्यकताओं रोटी, कपड़ा, मकान, चिकित्सा, शिक्षा सर्व समाज को प्रदान करने में असमर्थ हुए हैं। जिसके फलस्वरूप सामान्य रूप से एक विद्रोह और असंतोष का स्वर उभरकर कविताओं में स्वाभाविक रूप से प्रकट हुआ है।

कुल मिलाकर 'क्रांति' एक समस्या मूलक रचना संग्रह है। जिसमें आधुनिक समाज का प्रसारित गान करने वाले समूह को वर्तमान की कठोर विभीषिका से आमना-सामना कराया गया है आप सभी पाठकों से अनुरोध है कि मेरा यह प्रयास कितनी मात्रा में सफल हुआ है मुझे प्रतिक्रिया स्वरूप बताने की कृपा करें।

यह कविता संग्रह सादर गुरु-दक्षिणा के रूप में अपने साहित्यिक गुरु पद्म श्री अशोक चक्रधर जी को समर्पित करता हूँ। जिनका मेरे जीवन में बड़ा व्यापक प्रभाव पड़ा है। समाज का दर्द अपनी रचनाओं में लाने की प्रेरणा मुझे आदरणीय आप ही के माध्यम से प्राप्त हुई है। यह सत्य है कि आप से ज्यादा प्रभावित होकर ही मैं सर्वहारा की पीड़ा को अपनी कविताओं में कह पाने में कितना सफल हुआ हूँ ये तो गुरु श्री आप ही बता सकते हैं।

❃

वन्दना

मैंने भेजा है अपने मौन से संदेश
तुम्हें या मैंने माँगी है तुम्हारे
आशीषरुपी उपस्थिति ऐ! माँ
और चाहा है कि तुम सदैव मेरी
लेखनी बन मेरे साथ रहो
मैं जो भी लिखूँ उन शब्दों
में सदैव तुम्हारा ही सुवाश हो
जिसे देखकर पढ़कर व्यक्ति
के जीवन में समाज का
नित नूतन नवीन विकास हो
और आने वाली पीढ़ियों
के लिए पंथ हो, प्रकाश हो
और तुम्हारे हस्ताक्षर
से गौरवान्वित मेरा जीवन
तेरे ही होने का एहसास हो

अनुक्रम

क्रांति

तुम्हारी दुनिया के तमाम विचारों को सुनने के बाद !

मैंने, मैंने ये फैसला किया है

कि अब हर गिले हर शर्म को तुम्हारे सामने आकर झेलूँगा

हमारी भावनाओं से खेलने वालों

और सितारों को देख क्रांति लाने वालों

क्रांति, क्रांति है तुम्हारे घर की खेती नहीं है

क्रांति, क्रांति है किसी गरीब माँ की बेटी नहीं है

जो अपनी माँ के इलाज के पैसे जुटाने के लिए

अपने कपड़े तक स्वयं उतारने तुम्हारे पास चली आएगी

क्रांति जब भी आएगी तुम्हारे दाँत खट्टे कर जाऐगी

साथियों आओ शहर के खूँखार कुत्तों से कह दें

कि अब वो असहाय पर भौंकना छोड़ दे

आदमी की शक्ल में बने गधों से कह दें

कि अब वो मालिक के नाम पर रेंकना छोड़ दें

वरना शहर में एक दिन ऐसा भी आयेगा

इन्सान का बच्चा इन्सान नहीं गधा बन जाएगा

गधा बन जाएगा।

ज़िन्दगी

इन्सान की ज़िन्दगी में कुछ न कुछ बवाल है

शहरों में नींद नहीं गाँवों में रोटी का सवाल है

चलो चलें उस ओर जहाँ चौराहों पर भीड़ है

नापें उनकी औकात जो हमसे फिसलते हैं

और देर रात तक सड़कों पर टहलते हैं

दूर जहाँ सूरज डूबता है

और उजाला जहाँ ज़िन्दगी से ऊबता है

चलो चलें उस ओर जहाँ नई बस्ती है

सुना है वहीं पर किनारे कोई कश्ती है

बन्द कमरे से आवाज बाहर नहीं जाती है

बेकार चिल्लाने से दुनिया ऊब जाती है

इससे बढ़िया है कहीं गायें, कृपया पंक्ति में आयें

इस नाव का माँझी बहरा है इसे इशारों में समझायें

क्योंकि नाव भँवर में फँसी है

दूर तक किनारों का पता नहीं है

इन्सान है कि सिर पर हाथ रखकर रोता है

उनका कहना है सब अच्छे के लिए होता है

मैदान में खेल कम, जुआ ज्यादा है आग लगी है

कमरे में भीतर अन्धा सोता है

बहुत प्यास लगने पर पीना भी चाहिए

इन्सान को मरना भी चाहिए जीना भी चाहिए

भूख लगने पर बच्चा रोता है

मगर अमीरों के दिलों में कुछ-कुछ होता है।

❖

मैं जानता हूँ

मैं जानता हूँ ज़िन्दगी के मायने

भले ही तुम्हारी नजरों में इसका स्वरूप नंगी नृत्यांगनाओं का नृत्य हो

मगर मेरे लिए यह न मिलने वाली बासी रोटी का इन्तजार है

हाँ! मैं जानता हूँ ज़िन्दगी के मायने

भले ही तुम्हारी नजर में ये व्हिस्की और वाइन है

मगर मेरे लिए यह मेरे बाप का वह साइन है

जिसे लेकर तुम्हारी दुनिया के लोग

जबरदस्ती हमारी फसलों से खेलते हैं,

हाँ-हाँ मैं जानता हूँ ज़िन्दगी के मायने

भले ही तुम्हारी नजर में यह क्लबों में खर्च होने वाला रुपया हो

मगर मेरी नजर में यह गली के गुण्डों का वो हफ्ता है

जो मेरे पास उपलब्ध न होने पर

मेरी बच्ची की इज्जत से खिलवाड़ करती है

हाँ मैं जानता हूँ ज़िन्दगी के मायने

सोई हुई चेतना

कब डर लगता है सूरज को सागर से

वे तो तुम्हारे विचारों की संकीर्णता है

जिसने दूसरा पहलू ही देखा है और उसी को सत्य माना है

भले ही इन्सानी चेतना खोई है

मगर जब तक लोगों में करुणा तथा प्यार है

तब तक इन्सानियत का मान नहीं घट सकता

और अपनी आग बरसाने के लिए सूरज चाहे जितना तपे

मगर झोपड़ी में चमकने वाले दीपक का सम्मान नहीं घट सकता

क्योंकि तुमने कुर्बान किया है रात की अँधेरी योजना को

मगर उसने जवान किया है सोई हुई चेतना को

ये सच है

ये सच है कि बबूल पर गुलाब नहीं खिलता

और आसमान कभी धरती से नहीं मिलता

नदी हमेशा दो किनारों से गुजरती है

मगर इस किनारे की धूल कभी उस किनारे से नहीं मिलती है

ये अलग बात है कि तूफान आने पर बड़े-बड़े पेड़ गिर जाते हैं

और बदलाव आने पर लोगों के विचार बदल जाते हैं

मगर व्यक्तिगत जीवन में इन्सान कभी नहीं बदल पाता है

अब ये बातें अपने जीवन से अलग लगती हैं

कि बदलाव आने पर आदमी बदल जाता है

और रात के बाद सूरज जब भी आता है

नई किरणें नया उजाला फैलाता है।

संकल्प

अगर मासूम चेहरों पे हँसी लाने का शौक ज्यादा है

तो आओ इन्सानियत का दम्भ भरने वालों

उस जगह जाओ जहाँ बच्चियाँ बिन माँ की हैं

और जिनकी ज़िन्दगी एक कटी पतंग की तरह है

जो गली के आवारा कुत्तों के खूँखार दाँतो से फटी हुई सी है

जिन्हें मजबूर करते हैं कुछ नाजायज किस्म के लोग खेलने के लिए

मगर खिलौनों से नहीं

घिनौनी शारीरिक अदाओं के लिए

जहाँ उन्हें पढ़ाये जाते हैं तरह-तरह के घिनौने पाठ

अगर सचमुच है पीड़ा तुम्हें उनकी

तो आओ खत्म कर दें ये पारम्परिक गंदा संसार

और दें उन्हें भाई, माँ, बहन का प्यार

देखना एक दिन

तुम देखना एक दिन

मैं अपने इन कुचले हुए पैरों से आकाश पर इन्कलाब लिख दूँगा

लिखना एक दिन तुम तारीख

जिस दिन मैं अपनी आवाज से बेजान पत्थरों में राग भर दूँगा

सामूहिक जगहों पर बिकने वाली पुस्तकों में अपना प्यार भर दूँगा

लोगों ! अलग-अलग जगहों की अपनी अलग-अलग पहचान है

ये मन्दिर है, यहाँ भगवान है

और उधर मधुशाला है

जहाँ इन्सान है इन्सान वह था

जिसने भगवान की परिभाषा बतलाई थी कभी

और भगवान वो है

जिसने इन्सान को इन्सानियत की राह दिखलाई है सदैव

मगर आज इन्सान अपनी पहचान भूल

अपनी राह से भटक गया है

और बीच रास्ते में अटक गया है।

जाने क्यों?

जाते-जाते वक्त रुक गया

इन्सान को मैंने उस दहलीज तक उतरते देखा

जहाँ शैतानी पंजों के निशान पाले जाते थे

लोगों के बिगड़ने की दास्तान सुनाने के लिए

बहुत अधिक जानकारी तो नहीं है

फिर भी जितनी कही जाए उतनी कम है

क्योंकि अभी भी जो इन्सान है उसकी आँख लगातार नम है

ना जाने किस बात का गम है कुछ पता नहीं चल पाता है

दूर बस्ती में एक फकीर गाना गाता है

दुनिया एक झमेला है, ये दुनिया इक मेला है

यह सुनते ही स्वयं को संभालता हूँ

लेकिन जब-जब मेले से समूह बनाकर निकलता हूँ

भविष्य के कुछ कदम तय कर लेने के बाद

स्वयं को अकेले ही चौराहे पर पाता हूँ

चौंधियाकर, जब झाँकता हूँ, एक-दूसरे की आँखों में तो ऐसा लगता है

ना जाने किस दुनिया में आ गया हूँ

सड़क की दोनों पटरियों पर बेजुबाँ तरह के लोग

जो सिर्फ चलना जानते हैं

और पैसों के सिवा सामने दिखने वाली

किसी भी वस्तु को पहचान नहीं पाते हैं

सामने मुँह किये चले जा रहे हैं

उसी में कुछ मारे तो कुछ कुचले जा रहे हैं

लेकिन फिर भी लोग चुप है ना जाने क्या हुआ है

लोग सिसकियाँ तो भरते हैं मगर रोना भूल गये हैं।

❋

आह और गरीबी

चोली दामन का साथ है आह और गरीबी दोनों का

कुछ लम्बे इन्तजार के बाद दीवारों पर लिखी गयी बातें

जो शहीदों के खून से लिखी गयी है

समझ में आने लगी है

कहानी यह ऐसी है

जिसका अन्त कभी नहीं हो सकता,

जवानी दीवानी है, जिसमें जो हो गया

आगे कभी नहीं हो सकता

क्षितिज पर अब भी सूरज के डूबने का खेल जारी है

आज इसकी तो कल उसकी बारी है

इस बात को सभी सूरज जानते हैं

मगर इतने अड़ियल हैं

कि डूबने के सिवा कुछ नहीं चाहते हैं

उस उजाले में पतंगे नाचते तो हैं

लेकिन तब तक, जब तक वहाँ छिपकली नहीं होती

इसके बाद का खेल सबको मालूम है

मगर मेरी समझ में नहीं आता कि कब बन्द होगा

ये पारम्परिक गन्दा खेल

न्याय दिवस

अक्सर यही होता रहा

आदमी चौराहे पर चिल्लाता रहा

हम ठंड से अकड़ते और कड़कते रहे

और वे रजाई तले आग जला

हुक्का गुड़गुड़ाते और पान चबाते रहे

मंदिर का पुजारी जब चढ़ा फाँसी

तब भी भगवान को नहीं आयी खाँसी

मरते हुए पुजारी उक्ताकर बोला

प्रभु कैसी है तुम्हारी लीला

मैं फाँसी चढ़ रहा हूँ और डाकू तुम्हारे गीत गा रहे हैं

बाढ़ में गिद्धों को न्यौता दे सरकार मौन है

उन्होंने नोचा छीनकर माँ से उसके बच्चे को

डूबते देखा मैंने अच्छे-अच्छे को

डूबी हुई उतराई लाश को देख गिद्ध नाच रहे हैं

कव्वे सरकार के गुण बांज रहे हैं

इसके बाद आयी बचाव कार्य की बारी

कुछ नेता और इन्जीनियर जो इस काम में माहिर थे वो हँसते हैं

और बचाव कार्य में आये ढेर सारे अनाज से

अपना और अपनों का मुँह भरते हैं

यह सब तब तक चलता रहा

जब तक इन्सान बदलता रहा

फिर बदले हुए आदमी ने उठायी तलवार

सेनानायक ने कहा बदलो यह लूट की परिपाटी

छीन लेंगे हम यदि कोई हमसे छीनेगा तेल और बाती

चेतावनी से वे लोग डरकर भाग चुके थे

मैंने देखा लोग गहरी नींद से जाग चुके थे

लोगों ने सेनापति का इस्तकबाल किया

और फिर एक ओर सेनापति शासन चलाये

दूसरी ओर लोग खुशी से नाचें गायें।

❄

खोखला बाँस

खोखले बाँस में बड़ा दम है
ये अलग बात है
कि तुम्हारे पास देखने का नजरिया कम है
क्योंकि उसमें छिपा हुआ है राग प्यार का
उसमें है गीत उसकी परिपक्वता का
उसमें निहित है उसकी मेहनत और एक लम्बा सफर
जिसे तय करने के लिए उसने आहत किया है निज-जड़ता को
और अवसर दिया है जीवन के सप्त सुरों को विस्तारित करने को
मगर तुम्हारे लिए खोखला बाँस, सिर्फ बाँस है
मगर मेरे लिए यह निहित जीवन का राग है।

अँधेरे में इन्तजार

कैसे करूँ ऐ वक्त तेरा ऐतबार

नहीं होता अब और अँधेरे में इन्तजार

कैसे बताऊँ किस ओर है उम्मीदें

कैसे कहूँ न जाने क्यों टूटना चाहती है जंजीरें

मैंने हर व्यक्ति को तहे-दिल से लगाया था गले

पर यह मालूम नहीं था

उसकी नीयत इस तरह खराब थी

क्या करूँ आदत से लाचार

करता रहा हर वक्त अँधेरे में इन्तजार

लेकिन कभी उसने अपना मुँह नहीं दिखाया

और लौटकर आने का फन उसे कभी नहीं रास आया

फिर भी क्या करता मैं

क्योंकि मेरा तो काम ही इन्तजार करना

मैं तो शमा हूँ लेकिन बुझी हुई

जिसे इन्तजार है चिन्गारी का

जिसे एतबार है सिर्फ तुम्हारी जवाबदारी का

संवाद

कई वर्षों से चला आ रहा संवाद

आदमी, आदमी से कर रहा विवाद

चौराहों की गलियाँ तंग हैं

गलियों में स्थिति घर के दरवाजों का परिचय रंग है

लोगों में समझदारी ज्यादा है

केस हो जाने के बाद, पुलिसवाला तफतीश हेतु दौड़ता हुआ आता है

खोखले पड़े हुए बाँसों-सा बेजान नज़र आता है

गाँव घर का जवान ऐसा लगता है

कुल्हाड़ी चली है, फिर से पुरानी नीम की बाँह कटी है

दरवाजों के सांसों से आती है हवा बन्द कमरे में

जैसे पहुँचाती हो दवा ईमानदारी से

अगर कोई पाना चाहता है अपनी आत्मा,

उसे उठा लेता है परमात्मा

बेईमान जुगाड़ से चुनाव जीत जाता है

संसद में फिर ऐतिहासिक दिन आता है

सामने से आ रही है आवाज

हम नहीं रहने देंगे समाज

चिन्तन करने वाले लोग चिल्ला रहे हैं उठो-उठो

चिल्लाकर सोए लोगों को जगा रहे हैं

बेजान जगहों पर नई पीढ़ी सो रही है

बाढ़ की नदी चारों तरफ वह रही है जिसमें बह रहा है

स्वाभिमान और आत्मसम्मान

संकल्प

एक मच्छरों का टोला

जिसने पी लिया, समाज में स्थित कई लोगों का खून

उस पर तो सवार हो गया जैसे जुनून

उन्होंने कहा, बदल चुका जितना बदलना था युग

अब और आगे नहीं होने वाला है कुछ

वो लगातार फैलाते रहे मलेरिया डेंगू

और न जाने कितनी तरह की बीमारियाँ

और करते रहे आगे की तैयारियाँ

वे काटते रहे और सोए हुए समाज को ललकारते रहे

एक दिन इसी श्रृंखला में समाज जागा

और जब उसने देखा अपना रक्त

तब उसका क्रोध भड़क उठा, उसने किया संकल्प

खत्म कर देंगे हम ये विकल्प

और चलाया अभियान

और कहा हम जला देंगे सारी गन्दगी के श्रोत

तब मारे गये मच्छर और घातक कीटाणु

एक और आदमी

दूर पीपल की छाँव तले एक और आदमी है

जिसने कि सदी के आदमी के लिए संघर्ष किया है

और तुम्हारी दुनिया का खुलेआम बहिष्कार किया है

जिसने संघर्ष किया है

रातभर चमकने वाले सितारों के लिए

मगर तुम्हारी दुनिया के सूरज ने तो

उसकी इस मर्यादा भरी मेहनत को

हमेशा ही नजरंदाज किया है

और तुम्हारी कविता ने सदैव ही जिसका विरोध किया है

उसने तय किया है नालों से लेकर नदी तक का लम्बा सफर

और बनाया है रास्ता तेज बहाव के गुजर जाने का

और दिखाया है सागर की अनन्तता को पहचानने का

पिघलती बर्फ

पिघलते हुए शोलों से लेकर

पिघलती बर्फों तक का ये लम्बा सफर

महज एक रास्ता नहीं है

इस मुसीबत को समझो

यह किसी छत पर खड़ी लड़की का मुस्कुराना नहीं है

इसकी नज़ाकत को जानो

यह जुल्म की अतिश्योक्ति है

यह उस एहसास की उत्पत्ति है

जहाँ न चाहते हुए भी

अपने स्वभाव के विपरीत चलना पड़ता है

और कभी-कभी उजाले के देवता सूरज को भी

दबे पाँवों से ढलना पड़ता है

और इन्तजार करना पड़ता है

ऐसी स्थिति का जिसमें उसे चाँद बनाया जाये

अलग बात

ये अलग बात है कि अजकल आसमान साफ है

मगर अब भी सूरज की रौशनी पर घात है

कँटीली निगाहें चुभ जाती हैं वास्तविकता के पैरों में

गर्म हवाओं से भागता है योगी, उधर

जहाँ बर्फीली है चोटी

शान्त है जहाँ माहौल

गिद्ध अपनी आँख नचाते हैं और दौड़कर माँस नोच लाते हैं

दिन भर सोने के बाद

पुजारी रात भर झाड़ियों के पीछे देवता जगाता है

चमचों और कुर्सियों के बीच से

एक आदमी ऊँची आवाज में चिल्लाता है

व्यवस्था अच्छी है, सारी चीजें अपनी जगह सच्ची है

सामूहिक जगह में कैद पड़े पंछियों को इजाजत नहीं उड़ने की

जो भी अगर कहीं कुछ बोलता है

उसी समय उसे बगावत की आग में जलाया जाता है

इसीलिए तो चमकने के लिए जलना जरूरी है

भले ही चाहे लौ आधी-अधूरी है।

प्रदर्शन हो रहा है

ये अलग बात है

कि इन्सानी मूल्यों की दर मानव लगातार खो रहा है

मगर राजनैतिक स्तर पर बिना रुके प्रदर्शन हो रहा है

भले ही उनके विवादों से गरीब का चूल्हा सो रहा है

भले ही नैतिकता की पहचान समाज लगातार खो रहा है

मगर आज भी पहचान पुख्ता बनाने के लिए

फिल्मों में फायर हो रहा है

ये गलती हमारी नहीं मगर क्या करें

विवादों के बाद रोने को कुछ नहीं मिला

इसलिए कुछ लोग नंगे हैं

और राजनीति से प्रेरित कहीं जातियता तो कहीं दंगे है

न जाने

न जाने कैसी हवा आयी

कि एक ही बार में उड़ गया मेरे पिछले इतिहास का सामान

देखता हूँ अगल-बगल की सारी वस्तुओं का बिखराव

सुनता हूँ विवादास्पद हँसी दीवारों की तो लगता है

किसी ने पूर्वजों की पुरानी नींव को फिर आहत किया है

डरता हूँ कि यदि हवाओं का रुख इस तरह तेज रहा

तो कहीं उड़ न जाऐ पुराने दस्तावेज

वैसे भी बाहर की दुनिया में, स्वयं को पहचान पाना मुश्किल है

अब तो लगता है

कि क्या जवाब दूँगा परदेस से लौटने पर भाई को

इतिहास वस्त्रहीन लग रहा है

पता नहीं क्या हुआ

कि मेरी सम्भुता के स्वाद को

जो मीठा होकर भी नमकीन लग रहा है।

एक नहीं

एक नदी बह रही थी

और बहते-बहते कह रही थी

कि मैं वही हूँ जिसको तुम्हारे मगरूर हाथों ने

हजारों फिट ऊँचाइयों से फेंका

फिर भी सँभलकर दौड़ती रही खुले मैदानों में

कभी इधर कभी उधर

जहाँ तुमने मुझे कभी बाढ़ और सूखे का करुणामयी नजारा दिया

मगर संभलकर फिर भी चिलचिलाती धूप-बरसात सहती रही

और दौड़ती रही

फिर भी तुम हँसते रहे

मगर अब जब मैंने सागर को पा लिया है

तो तुम कितने हैरान हो।

एक दुनिया

एक दुनिया है हँसते हुए लोगों की दुनिया

वे हँसते हैं अपने पर और अपनों पर

जो सोचते हैं हँसना और देखते हैं हँसना

जिनकी ज़िन्दगी में कोई कसक

कोई गिला नहीं है

और वो एक-दूसरे को डाँटते हुए भी,आपस में प्यार करते हैं

एक-दूसरे से लड़ते हुए भी साथ मिलकर रहते हैं

आओ हम सभी लोग

इस दौड़ती हुई परमाणुवाद की दुनिया से निकलकर

पूछ लें उनसे ज़िन्दगी जीने का गुण

विचार

विचार को इन्सान क्यों ढूँढ़ रहा है

तथा मानवता के नाम पर स्वयं से क्यों जूझ रहा है

नंगे पाँव चलने वालों का दर्द अगर बाँटना है

तो चलो वो प्रथा हटा दी जाए

जहाँ इन्सान को शैतान बनाने का खेल हो रहा है

आओ ढूंढें वो जगह जहाँ ये मेल हो रहा है

जला दी जाए वो जगह जहाँ बलि दी जाती है

उसूलों की स्वभिमान की,

और जरूरत पड़ने पर किसी गैरतमंद इन्सान की

दिलों से खेलते हैं

दिलों से खेलते हैं
तुम्हारे तो कुत्ते भी हमारे दिलों से खेलते हैं
जब भी हमें देखा, भौंककर दौड़ा लिया और
यदि भागने में पड़े कमजोर
तो दबोचकर चबा लिया
तुम ही नहीं, ये भी हमारा खून चूसते हैं
तुम्हारे तो कुत्ते भी हमारे दिलों से खेलते हैं
तुम ही नहीं
तुम्हारी दी हुई हर चीज हमारे लहू को पीती है
ये गाड़ियाँ, ये बंगले, ये आफिस, ये लड़के
और ये मँहगी-मँहगी टॉफियाँ
सब हमारे लहू को चूसती हैं
और हमारे दिलों से खेलती है।

कोहरा

उधर जाना मना है

नदी के उस पार कोहरा घना है

गली हो सड़क या चौराहा इन्सान डूब रहा है

और भगवान मन्दिर के अन्दर ऊब रहा है

शहर में आया है ज्वार-भाटा

सोचता हूँ किस तरह दूर करूँ सन्नाटा

किस तरह पहुँचाऊँ डूबते को तिनके का सहारा

जिधर भी जाता हूँ

पाता हूँ स्वयं को बँधा हुआ इक तार से

कई लोग चिल्ला रहे हैं उस पार से

बचाओ-बचाओ की आवाज में शहर डूब रहा है

लेकिन भगवान !

भगवान है कि मन्दिर के अन्दर ऊब रहा है

जंगल में कई हाथियों को पागलकर दिया है सरकार ने

छोटे जीव कुचले जा रहे हैं

श्रृगाल है कि बीच की दलाली पा रहे हैं

लेकिन फिर भी शोर है

ये नहीं जंगल का राजा कोई और है।

क्रान्ति

तकदीर

आदमी तमाम उम्र बहकता रहा

महलों का उजाला सदैव रौशनी पर हँसता रहा

उनकी निगाहें टिकी

कभी हमारे खुले बदन

और कभी हमारे चंचल नयन पर

आखिरकार समाज की परिभाषा बताने के लिए ही

उसे जो नवजात था फेंका गया खुले चौराहे पर

ऐसे में कुत्ते भी भूल गये अपना काम

वह चाटते रहे उस बच्चे को बड़े लाड़ से

कुतिया ने उसे दूध पिलाया

आते-जाते लोग ताकते रहे यह देख

कि ऊँची जात वाले इन्सान के बच्चे को

कुतिया दूध पिलाये मारते रहे पत्थर

मगर न जाने क्या था उस कुतिया में

वह उस बच्चे को बचाती रही

अन्ततः निकल गये उसके प्राण

और फिर उस नवजात को अलग कर चले गये कुछ लोग

और वह रोता रहा

और अपनी माँ के मरने पर समाज को कोसता रहा।

इन्सान

गन्दे पानी सा हो गया है इन्सान

पता नहीं समझ में नहीं आता कहाँ से खराबी आती है

कि बिखरा हुआ है सारा सामान

ऊपर वाले की मशीन में गड़बड़ी दिखती है

देखता हूँ जीवन के सहारे उन प्रतिबिम्बों को

जिसमें आदमी तो कभी देखकर अपना अक्स डर जाता है

मगर अन्दर बैठा शैतान गाली देता है

और हँसता है

उसके ऊपर नहीं मेरे ऊपर, तुम्हारे ऊपर

जिन्होंने तमाम ढ़ंग से

उसे सजाया और सँवारा है।

आवाज

उजड़ों की बस्ती में
कब किसकी आवाज पहुँचती है
मुफलिसों की दुनिया में उजड़ी हुई बस्ती है
प्यासे किनारों पर लोगों की भीड़ है
देश की यही पहचान अब देश की तकदीर है
लोग खड़े-खड़े ताकते हैं नाव आये
इधर इसलिए अकेले ही बारी- बारी चिल्लाते हैं
मगर अकेले चीखने से क्या होता है? कभी-कभी देखने में ऐसा भी
आता है
नाविक मझधार से भी नाव खींच लाता है
मगर दोस्तों अकेली आवाज का तकाजा सदा से फीका है
समूह ही आवाज उठाने का वास्तविक तरीका है।

कशमकश

न आने देना ठीक था न जाने देना ठीक था

मेरे लिए शायद शैतान बनना ठीक था

क्योंकि जब तक मैं रहा शैतान बना

पूजता था हर इक इन्सान

फिर तुम्हारे कहने पर

इन्सान में बनने लगा कहानियों का सागर

मैं लिखने लगा सच्ची बात जो लोगों के पेट में पचती नहीं

और लोगों की जुगाली करने की अदा इठलाने लगी

तुम जब मेरे पास आये तो कसम से मुहब्बत भी शरमाने लगी

कभी-कभी सोचता हूँ कि कह दूँ

अगर तुम न मिली

तो कैसे मिटा पाऊँगा समाजिक कुरीतियों को

और कैसे गाऊँगा गीत चेतनाओं के

फिर भी यह सोचता हूँ

चलो जो भी है ठीक है

और कम से कम कोई तो है

जो दिल के नजदीक है।

परम्परा

अव्यवस्था के खिलाफ कोई नहीं बोलता

अस्थिरता की कहानी से कोई नहीं मुँह मोड़ता

रजाई तले, और विचारों की बन्द मच्छरदानी के भीतर

सब कहते हैं ये गलत है

मगर सामने कोई नहीं बोलता

ईमान के नाम पर कुछ करने की इच्छा सभी में है

मगर मरने की खातिर सामने कोई नहीं आता

घबराहट में छूट जाता है गिलास

और फर्श पर बिखर जाता है काँच

बिखरे काँचों से आवाज आती है

हमें इस्तेमाल किया

और टूटने पर फेंक दिया कुड़े में, क्यों साथी

इसी तरह की ज़िन्दगी के शिकार हैं हम

कैसी परम्परा चल रही है नदी सूखी है

और नाव पानी से भरी हुई है।

लूट

आओ दोस्तों मैं बताऊँ क्या होती है लूट

लूट किसी छीनी हुई वस्तु का नाम नहीं है

लूट की न ही अपनी कोई परिपाटी है

और न ही अपनी कोई परिभाषा

लूट है बिगड़ी हुई औलाद

जो आये दिन अपने बाप की पगड़ी के साथ खेलती है

लूट है गरीब की इज्जत

जो अमीरों के घरों में रात भर रहती है

लूट है चार भाइयो का लड़ना

जो अपनी माँ के आँचल को दाँव पर लगाकर झगड़ते हैं

और क्या बताऊँ दोस्तों क्या होती है लूट

एक आवाज

शिकारी करते रहे शिकार

आये दिन गाँवों में होते रहे अत्याचार

कहीं टोलियाँ तो कहीं डोलियाँ जलायी गयी

उनकी होली और दीवाली इस तरह मनायी गयी

पहले कभी कभार दिख जाते थे

लोगों के पैर हमेशा ही नहीं कटे पाये जाते थे

पहले आदमी के पास सिर होता था

जिस पर रहती थी पगड़ी

जिसके झुकने का मतलब था शहीद होना अव्यवस्था के खिलाफ

मगर उसके बाद लगने लगा शिकारियों का ताँता

जिसे देखिये जोड़ रहा इनसे नाता फिलहाल

देखा जाएगा

वक्त आने पर नाव का पानी फेंका जाएगा

यह कहकर हमने इस समस्या को बढ़ाया

आज हालात ये हैं कि जिधर देखें ये ही नजर आते हैं

अखबार इनके कुकृत्यों से चिल्लाते दिखते हैं

आओ अब निकलते हैं अपने घर से

मिटा दें इस वर्ग और इस जाति को

चलो सम्भाले गिरते हुए हाल को

क्योंकि घुट-घुटकर जीना, कोई जीना है

आदमी के हाथ खुदी का सफीना है।

कर्म धर्म

देखो उधर से आते कुछ आनायास किस्म के लोग

जो प्यार सरहदों में बाँटते हैं

सुन्दरता लफ्जों में बयान करना चाहते हैं

और व्यक्ति की पहचान कर्म से नहीं धर्म से कराना चाहते हैं

बहती हुई नदी की धार को रोकना चाहते हैं

हवाओं से घूमना और बादलों से चूमना

छुड़ाना चाहते हैं

मगर क्या उजली धूप को पकड़ना

और मदमस्त हवाओं की चाल बदल पाना सम्भव है।

सूरज उभर आया है

अँधेरी रातों का सिलसिला अभी जारी है

सियारों ने कहा अब हमारी बारी है

उसके बाद चला घमासान युद्ध

उन्होंने कहा बुलाओ विवेकान्द, गाँधी, बुद्ध

वो चिल्लाते रहे मनमाने ढ़ंग से

अपनी आवाज में डराते रहे उनको

जिनकी आवाज इस सदमें से खो गयी है

उन्होंने सोचा अब तो रात ठहर जायेगी

और हमारी पहचान नहीं हो पायेगी

लेकिन वक्त हँसता रहा

और चलता रहा अपनी चाल

और सुबह होने का क्रम जारी हुआ

पहले भोर हुई तब वो बौखलाये

अपनी वास्तविकता ना जाहिर हो

इसलिए भागते नजर आये

मगर जंगल तक भागने की तैयारी में ही सुबह हो गयी

और पहले उन्हें कुत्तों ने देखा

और दौड़ाया तथा इसके बाद कुत्तों ने सदमें से लोगों को जगाया

लोग जागे, बे-तहाशा लोग जागे

इसके बाद उन्होंने उठा लिए पत्थर

और मारने लगे धीरे-धीरे

मैंने देखा आकाश ने लाल रंग पाया है

तभी पीछे से किसी ने आवाज लगायी,

सूरज उभर आया है।

तकदीर

कुछ ज्योतिष शास्त्री कहते हैं
कि देश की तकदीर इसलिए बिगड़ गयी है
क्योंकि जिस पन्ने पर इन्कलाब लिखना चाहिए था
उस पर लोगों ने इन्साफ लिख दिया
इमानदारी से जहाँ शब्द रखना चाहिए था
लोगों ने उस जगह को साफ कर दिया
जहाँ महान बनने का रास्ता था
वहाँ उन्होंने जहान लिख दिया
और जहाँ पेट लिखा होना चाहिए था
वहाँ मजदूर और किसान लिख दिया
और जहाँ कर्तव्य लिखना चाहिए था
वहाँ भगवान लिख दिया।

इस शहर में

इस शहर में कल तक

मैंने की दोस्ती परछाइयों से

बुलाया कई बार उन्हें सन्नाटों से

हालाँकि गाँव से लेकर शहर तक खामोश जरूर हैं

लेकिन आज भी उस मंजर को यादकर

लोग काँपने जरूर लगे हैं

मेरे घर में जानवरों की भीड़ जरूर लगी है

लेकिन वो भी कभी-कभी अपनों की पीठ चाटने लगते हैं

मगर इन्सानों में जानवरों का कोई लक्षण नहीं है

क्योंकि इन्सान तो इन्सान है।

इन्सान

बहुत दूर चलने के बाद

इन्सान को थोड़ा बहुत सोना चाहिए

खुशी हो या गम मगर रोना चाहिए

ये अलग बात है कि मैंने तुम्हारे जाने के बाद

रोने का स्वाँग भरा

मगर याद रहे बहुत देर जलने के बाद

थोड़ी देर बुझना भी चाहिए

पैर तो हमेशा चलते हैं

और कुछ पैर हमेशा दबते हैं

कुचले हुए पैरों को सँभालने का अवसर मिलना चाहिए

और इस पौधे की मर्यादा के लिए

इसमें फूल खिलना चाहिए

चलने वाले पैर हमेशा चलते हैं

उन्हें मंजिल का ज्ञान नहीं होता

दो हाथ और दो पाँव हो जाने से

कोई भी इन्सान नहीं होता।

प्रार्थना

मसले तथा कुचले फूलों की आवाज पर

इस तरह का अट्टाहास हाय सहा न गया

क्या करूँ कई दिनों से उसे इस तरह तड़पता देख

जुबाँ खुल गयी रहा न गया

यूँ ही कभी बहुआ आसमान नहीं देता

किसान उजड़े खेतों से कोई ब्याज नहीं लेता

प्रायः हम बचपन से सुनते आये हैं

जिसने खुदा की जैसी बन्दगी की है

उसने वैसा ही संसार पाया है

तो हम करते हैं घोषणा

कि हमें नहीं चाहिए ऐसा संसार

जिसमें गंदगी भरी प्रार्थना का सम्मान हो

और खुदा की मस्जिद

और भगवान के मन्दिर की खातिर सच्ची

प्रार्थना का अपमान हो

उजाला

दोस्तों मैं तब से जागा हूँ जब से

अँधेरा पनपा था

और मैंने वहाँ आवाज लगाई जहाँ कोहरा घना था

अजीब है समय का खेल कुसंस्कृति का

अजीब है मेल बेटा, बाप के सामने थूके पान

लोगों ने चलाये जय संस्कृति अभियान

इतने से बात न बनी तो उन्होंने ये कहा

कि आश्चर्य मत हो कि बच्चे रोते हैं

बच्चे तो बच्चे हैं रोने के लिए होते हैं

इस तरह रहा अँधेरे का खेल

मगर इसके बाद उजाले की पहली किरण आयी

और उसने अँधेरे के खिलाफ दुंदुभि बजायी

और उसने छुवा उन लोगों को

जिनकी तुम्हारी दुनिया में कोई जगह नहीं थी

और प्यार किया उनको जिनको तुम निकाल चुके थे।

मंजिल

मैं नंगे पैरों से बहुत चला

मगर तुम जिस रास्ते पर चले

मुझे कभी नहीं मिला

क्योंकि मुझे सदैव मंजिल का ज्ञान था

मैंने ये सोचा जलूँ दीपक की तरह

जिससे तुम्हारी खोई हुई मंजिल तुम्हें वापस मिल जाए

और मेरी कालिख स्याह रंगों के साथ आसमाँ में मिल जाए

मगर यह तुमने क्या किया

मेरी रौशनी से अँधेरा खोजने के बजाए

तुमने मेरी स्याह कालिख का सुरमा बना लिया

और अपनी आँखों से मंजिल का रास्ता ढूँढ़ लिया।

टोपी

एक आदमी है जिसे नफरत है तमाम टोपियों से

जिसने मापा है , सभ्यता और संस्कृतियों को तरह-तरह की टोपियों से

एक आदमी और है जिसे देश की जनता मिलकर टोप पहनाती है

मगर वो है कि लोगों की पगड़ी उछालता है सरेआम

और खेलता है लोगों की सिसकियों और रोटियों से

एक आदमी और है जिसे शौक है टोपियाँ बदलने का

और वो कभी इसकी टोपी उसके सर

तो कभी उसकी टोपी इसके सर रखता है

और अपनी टोपी सँवारता है।

गर्भपात

अँधेरे में रहने वालों अगर पहुँची नहीं तुम्हें रौशनी

तो बेकार के दर्द भरे इन्जेक्शन से

किसी रौशनी का गर्भपात मत करो

अगर फर्क नहीं मालूम उजाले और प्रकाश में

तो किसी घर में जलने वाले दीपक का बलात्कार मत करो

सुनो पहले इन आवाजों को

अगर पहचान नहीं हीरों की

तो हीरे तराशने की ख्वाहिश मत रखो

क्योंकि तुम्हारी एक गलती से टूट सकता है हीरा

चाहे कैसा हो छोटा या बड़ा

इसलिए संभालकर छुओ

क्योंकि हीरा, हीरा नहीं प्रकाश है

और वही पर अक्षय शिवम् का निवास है।

वक्त आ गया है

साथियों अब वक्त आ गया है

कि हम सब मिलकर

अपनी ज़िन्दगी की किताब को बदल डालें

और अपने विचारों के दलदल में

बाहरी दुनिया को नुक्सान न पहुँचावें

अब वक्त आ गया है

कि हम अपनी आवाज बुलंद करना सीखें

समाज की शर्मनाक हरकतों पर हँसे नहीं रोयें

अब वक्त आ गया है

कि हम सब गरम न हो

बल्कि उबले तपे नहीं

अपितु जले मौसम की तबाही को देखते हुए

हो सके तो गिरें नहीं

बल्कि अपनी जड़ों को मजबूत कर खड़े रहें, अडिग रहें

हिले नहीं, डरे नहीं।

घुट-घुट जीना

बहुत आसान होगा तुम्हारे लिए

किसी गाँव की लड़की को देखकर व्यंग भरना

और बहुत आसान होगा भूल जाना

मेरी मरी हुई बिटिया के आखिरी शब्द

किन्तु मैं अभागा

आज भी इन्जार की हद तक इन्तजार करता हूँ

एक ऐसे क्षितिज का

जिसमें सारी गिरी हुई पुरानी इमारतें पुनः खड़ी हो सकें

जहाँ मेरी बिटिया हँसकर तुम्हारी बच्चियों की तरह

तोतली आवाज में अपनी स्कूली कविताएँ पढ़े

और अपनी किताबों के बीच भूल जाए

सारी बातें रोने की घुट-घुट जाने की

और रहे आनंदित मिले प्रस्फुटित

अभी तक

आज अभी तक कैसे कह दें

इतिहास शब्दहीन है और वर्तमान रंगहीन है

हमने चश्मों के नीचे से देखी है वास्तविक्ता लोगों की

उन्होंने समझी इसे हमारी नास्तिकता

सम्भवतः शब्दहीन बातों का अर्थ समझने की आदत हमें नहीं थी

मगर क्या किया जाए

रंगहीन खुशबू का अपना एक अलग ही संसार है

हमें चाहिए इतिहास जिसमें सम्मान हो

न कि हमारी सभ्यता संस्कृति का अपमान हो

किसी शब्द का मतलब यह नहीं

कि मौत की तकाजा समझ में आये

प्यार उसे कहते हैं जिसे रागों-सा तराशा जाये

रंगों से निखारा जाये और पलकों पर बिठाया जाए।

आओ चले

आओ चले उस ओर

जिस ओर कोई नया सूरज रातभर

चिमनियों के उजाले तले जल रहा है

आओ देखें उस आकाश की ओर

जहाँ चाँद अपनी उधार की रौशनी पर रो रहा है

आओ मिलकर स्वतंत्र कर दें अपने विचारों की दुनिया को

जहाँ इसानियत का बछड़ा

सम्मानरुपी गाय का दूध पीने के लिए व्याकुल है, आतुर है

आओ अब बन्द किया जाए इन्तजार किसी और सुबह का

जिसमें कोई सूरज विरोधी हो

अपनी पहचान बनाने वाले दीपक का।

ज़िन्दगी

ज़िन्दगी और उसकी अपनी अलग पहचान है

किसी को बनना है इन्सान

तो कोई चाहता है मिल जाए वो जो भगवान है

मगर मुझे चाहिए बस मुट्ठी भर आसमान

पागलपन की हद तक है मेरे पास खालीपन

और बंजरों सा महफूज है सूनापन

महफिलों में शान उन्हें मिले जिन्हें शान चाहिए

मगर मुझे सिर्फ मुट्ठी भर आसमान चाहिए

दीवारों पर अमिट बातें कहना चाहेगी सब कुछ

तेरे आलिंगन से मैं खोता हूँ सुध और बुध

जिन्हें जिस्म चाहिए उन्हें मिले जिस्म

खैरात और एहसान उन्हें मिले जिन्हें

खैरात और एहसान चाहिए

किन्तु मुझे सिर्फ मुट्ठी भर आसमान चाहिए।

लोहा

सुनो जलते हुए लोहे पर कोशिश मत करो

वक्त का बेबाक मरहम लगाने की

क्योंकि लोहा यूँ ही नहीं पिघलता है

और गरीब का झोपड़ा

भगवान की इच्छा से कभी नहीं जलता है

अट्टालिकाओं पर आने वाली बर्फीली हवाओं से कह दो

लोहे ने अभी अपना ताप नहीं खोया है

और वह यह बताना चाहता है

कि मैं उस संदूक का लोहा हूँ

जिसे तुम्हारी आग ने उबाल डाला है

और उसमें रक्खी पूर्वजों की निशानियों को जला डाला है

वह बताना चाहता है

कि मैं उस मास्टर की छड़ी का लोहा हूँ

जिसे तुम्हारे लठैतों ने तोड़कर अलग कर दिया है

वह बताना चाहता है मैं उस कलम का लोहा हूँ

जो तुम्हारे डर से कबाड़ की आलमारी में रखी है।

मानसिकता

आस्था के पौधे को धारदार कुल्हाड़ियों से मत काटो

मैदान बनाने की चाह में जंगल मत पाटो

बाग के मालिकों,

माली बनने की धुन में

किसी पौधे की शाखा को इस तरह मत छाँटो

कि वो अस्तित्वहीन हो जाये

नयी कलियों को खिलने दो

नयी कोंपलो को उमड़ने दो

और वातावरण में जो अपनी खुशबू बिखेर सके

ऐसी स्थिति तैयार होने दो

और इस पौधे को वृक्ष बनाओ

इसे फलदार होने दो।

इसकी टहनियों पर फूल खिलने दो

और उस पर मकरंद लगने दो

और उपवन को भीना-भीना महकने दो।

आजादी

मुझे कुछ दिखाई नहीं देता

अँधेरे में इन्सान और उजाले में भगवान

मुझे कुछ सुनाई नहीं देता

तुम्हारी आवाज और जमींदार की बात

तुम्हें भी कुछ सुनाई नहीं देता

गरीब किसानों की विनती करुणा भरी विनती

जो तुम्हारे आगे हाथ जोड़कर खड़ी हो जाती है

और आजादी की पचासवीं-साठवीं-सत्तरवीं वर्षगाँठ पर

न समझ में आने वाली बातों की कहानियाँ पूछने

तुम्हारे पास स्वयं चली आती है और मुश्किल ये है

कि जिनके हाथों में जज्बात की कहानी होना चाहिए थी

उनके हाथों में हमारा किसान

अपनी मुसीबतों का बोझ थमाकर

एक ओर खड़ा हो जाता है

समझ में नहीं आता

तुम्हें कैसे पढ़ाऊँ सबक ईमानदारी भरी ज़िन्दगी का

भूख

जहाँ-जहाँ हवा है वहीं-वहीं आग है
जहाँ करुण चीखें हैं वही प्रेम राग है
जहाँ बात शान्ति की है वह मन अशान्त है
जहाँ वफादारी है वहीं कुछ मक्कार हैं
जहाँ-जहाँ खून है वहीं-वहीं माँस है
जहाँ-जहाँ जिज्ञासा है वहीं-वहीं आस है
मगर इन सबसे परे एक चीज और है
जो सब जगह व्याप्त है
जिसका अर्थ हर शब्द में पर्याप्त है
जी हाँ वो है भूख
आपके मेरे हमारे सबके मन की भूख
जिसमें फँसे-फँसे
हम आवश्यकता से अधिक जतन कर रहे हैं
सृजन के नाम पर पतन कर रहे हैं
और मानव को आधुनिकता के नाम पर
जीवाणु और विषाणु में तब्दील कर रहे हैं।

न जाने क्यों?

एक बच्चा रोता है, माँ के सामने बोलता है

माँ मुझे भूख नहीं लगती

माँ मुझे नींद नहीं आती है

माँ मेरी जीभ को मेरे ही दाँत कुचलते हैं

पलकें आँखों के कहने पर नहीं झपकती हैं

मगर अर्धचेतन अवस्था में जो भी देखता स्वप्न

उसमें अक्सर ही मानव मिलता है नग्न

और माँ, मेरा दिमाग रह-रहकर काटता है मेरी बात

और मेरा हाथ दूसरे हाथ को काट रहा है

न जाने कौन है माँ, जो इस तरह मुझे बाँट रहा है

मेरी जड़ों को भीतर से चाट रहा है

और कर रहा है मुझे निस्तेज अस्तित्व-विहीन

सच है

हाँ ये! सच है कि मैं हूँ एक पागल की तरह

और हूँ एक दीवाने की तरह

जिसे अपनी कोई सुध-बुध ही नहीं है

मगर तुम क्या जानो कि मैं क्या हूँ और कैसा हूँ?

और क्या है मेरी दुनिया?

और कैसा है मेरा संसार?

मैं गहराई की हद तक पागल हूँ

जैसे कोई मदमस्त सागर अपनेपन की मस्ती में

अपने साथ कई लहरों को ले झूम रहा है

और मैं वो नदी हूँ

जिसकी यात्रा टेढ़े-मेढ़े ऊँचे-नीचे रास्तों से होकर

सिर्फ अपनी मंजिल तक पहुँचना जानती है

और सिर्फ चलना सिर्फ चलना जानती है।

लोकतंत्र

हाँ! यह हँसने के लिए विषय अच्छा था
लोकतंत्र की सीढ़ी में जिसका स्थान सबसे नीचे था
उसके पास मात्र एक कच्छा था मगर तुम बताओ
अगर तुम नहीं चूसते तो और कौन चूसता है?
तुम नहीं नोचते तो और कौन नोचता है?
हमारे सपनों के गुलदान को
अगर तुम नहीं तोड़ते तो और कौन तोड़ता है
अरे, अब तो बन्द करो अलापना अपना स्वर
क्योंकि कान फटने को हैं
इधर अरे हम तो पहले से लुटे हैं
सिर से लेकर पाँव तक घुटे हुए हैं
अगर आ गए अपनी पर तो मुश्किल में फँस जाओगे
और सफेद खद्दर से चड्डी पर आ जाओगे
और सब कुछ खोकर हमारा कुछ भी नहीं कर पाओगे

जिजिविषा

कल से आज तक में ज़िन्दगी बदली

थोड़ा और बदली बयान आ रहा है

कि अगर प्यास हो

तो मिटाने के लिए मिलेगा जहर से बुझा हुआ खंजर

असल तारीफ तो उस खुदा की है जिसने इसे बनाया है

वाह क्या कारीगरी है क्या जहर पाया है

इस तरह आते हैं सामने मंच पर कलाकार

और इसीलिए बिगड़ा है सारा संसार

मगर दोस्त इस खंजर से डरकर

कब तक अपनी मौत पर ताली बजाओगे

कब तक यूँ ही आह! भारते हुए मुस्कुराओगे

आज आया याद किसी ने सही कहा था

कि जो डरता है तिलतिल मरने वाली मौत वही मरता है।

पसीना

पसीना महकता है

पसीना, दहकती धूप का महकता है

धूप सुलगती है

धूप सुलग-सुलगकर महकती है

सुलगने से याद आया

सुलग-सुलगकर मर गया उसके घर का ईमान

वो देखो कितना उल्लास है उधर

मगर इधर ज़िन्दगी है कि मातमों का बाजार बन गयी है

जो भाव चाहते हैं

चन्द कुर्सी वाले भेज देते हैं थोक के थोक भाव में मातम

हमारे आँगन की तुलसी सूखकर झुलस गयी है

उनके कैक्टस और नागफनियों ने नयी कोंपले पायी हैं

अजीबो-गरीब सवालात हैं हमारे साथ

और कुछ अजीबो-गरीब हैं हमारे चुल्हे की रोटियाँ

जो भीनी-भीनी महक-कर हमारे मन को हरा-भरा रखती है।

अधिकार

मापदण्डों की लड़ाई यह नहीं

कि हम लड़ें और आप घर में बैठें समाचार सुनें

लड़ाई अगर लड़ना है तो बदलना होगा

धरती अगर बलिदान माँगती है तो मरना होगा

क्योंकि अधिकार किसी व्यक्ति की जागीरदारी नहीं है

अधिकार, अधिकार है

किसी एक व्यक्ति की जिम्मेदारी नहीं है

मगर हम क्या करें

नेता चुनने के क्रम के हम आदी हो गये हैं

और इसी कारण

हम व्यक्ति नहीं आबादी हो गये हैं

इसीलिए कहता हूँ साथियों

आओ और मस्तिष्क मशाल जलाओ

क्योंकि जलती हुई चीज हमेशा से चमकती है

और चमकती हुई रौशनी में हर चीज स्पष्ट दिखती है।

लोकतंत्र

अभी-अभी पिसकर लोकतंत्र में, बाहर निकला आदमी

अपनी पहचान खोकर अपनी ज़िन्दगी बिगाड़कर

एकदम महीन हो गया है

अब वो बड़े चाव से इसे खायेंगे

और बड़े प्यार से हमें समझायेंगे

वो जो हमारे हिस्से का दर्द पीढियों में बॉट रहे हैं

उन्हें अपनी मसीहागिरी पर नाज़ है

और वो बड़ी शान से ये कहने में शर्म नहीं करते

कि आवाज का मोल लगाना एक गलत शुरुआत है

आदमी की आवाज ही उसकी अपनी निजी औकात है

इसलिए आदमी खरीदने वाले

अब आदमी की औकात खरीद लेते हैं

और लोकतंत्र की चक्की में पूरी इन्सानियत को पीस देते हैं।

सवाल

क्या नहीं था कल तक मेरे पास

हँसता-खेलता बचपन और खिलखिलाती हँसी

दोस्तों के साथ लुक्का-छिप्पी और कंचों का खेल

न जाने क्या-क्या था, जो कभी इस करवट

कभी ज़िन्दगी की उस करवट

मुझे अपनापन तलाशने की सलाह दिया करता था

और इसके बाद मैं कुछ बड़ा हुआ

मुझे समझाया गया

धर्म, मजहब, इन्सान, शैतान, भगवान अच्छा बुरा

और न जाने क्या-क्या

मुझे समझायी गयी सीमाएँ

लगायी गयी बंदिशें और न जाने कितनी ही बातें

जिसे समझते-समझते बीत गये उम्र के चालिस साल

फिर भी दिया पर खड़े रहे ये सवाल

क्या है कौन है कहाँ है?

क्रान्ति

ऐलान

बौखलाये लोग करने लगे भोग

चीखा इन्सान मन्दिर कब्रिस्तान

स्वाद का तकाजा किसी का जनाजा

भूख से हैरान जीव जन्तु इन्सान

दो आवाजें कहाँ जाए

किससे बाँटें किसी का दर्द और कोई बेपर्द

जमादार छोड़ अपना काम

लिखवाता है पिछलग्गुओ में अपना नाम

नतीजन है गंध चारों तरफ सड़ाँध

उनको भाती है जयकार चुप लोग कहे जायेंगे

मक्कार प्यारी आवाज चाहती है चीखना

उन्होंने कहा हमारा काम है पीसना

मगर यह क्या पीसने वाले लोगों में से एक आदमी बोला

जागो साथियों जागो

यह इन्सान नहीं शैतान है

इस सन्दर्भ में ये उठाओ तलवार

यह हुक्म नहीं ऐलान है

सच्चाई का साथ

आज मुँह नहीं दिखाएँगे किसी और दिन गायेंगे

प्यासी धरा चाहती है रक्त खरा

मिलावटी सुकून बन्द करो दिखावटी जुनून

अन्धे थे आँख

गूँगे की बात कहने को जहान

प्यासी देह और भूखा शैतान

स्वाद का तकाजा और भूख का जनाजा

ज़िन्दगी से परे

क्योंकि सियासी तालमेल पर उतरे नहीं खरे

चाहिए विश्वास

कौन करे मन की बात

देवता के वेश में जिन्दा दानव

जो लूटते हैं बिगाड़ते हैं सुन्दरता

मगर सुनो

दानवीय हाथों से बड़ा भी एक हाथ है

वो हाथ जिसके पास सच्चाई का साथ है

और जिसके पास ईमानदारी और मेहनत से कमाने वाले दो हाथ हैं

शैतान

हमने देखा है

भगवान नहीं, अल्लाह नहीं, कुरान नहीं

हमने देखें हैं मन्दिर-मस्जिद

और गिरजाघर नहीं,

गुरुद्वारा में ग्रन्थ साहिब पत्थर का बुत नहीं है

और न ही कोई पत्थर की दीवार है

हमने देखा है

जिन्दा शैतान वह

बोलता है, डोलता है, तोड़ता है, फोड़ता है

खाता है, खिलाता है, नाचता है, नचाता है

उसके सामने चिल्लाना नहीं पड़ता

वह आराम से अपनों की बात सुनता और अमल करता है

वह ज़िन्दगी को खिलवाड़ बनाकर खेलता है

वह साक्षात उतरता है और सबको मिलता है

रात को जाता है, आता है और अट्टटहास करता है।

शूल

रिश्ते का व्याकरण उनसे क्यों पूछते हो ?

जो स्वयं की आवाज खो चुके हैं

उन्हें क्यों जगाना चाहते हो

जो भीड़ के डर से सो गये हैं ?

कहीं ना कहीं कोई बात बुरी है

अधरों की प्यास अधूरी है

पीने के नाम पर तैयार है

विष का प्याला

आमजन के लिए

शूलग्राही इस परम्परा में सुबह से शाम तक खाइये शूल

और चढ़ाइये फूल

अपने मन पसंद देवता के विग्रह पर

आज और कल में फर्क है इतना

कल तक मसीहा शूल खाते थे आज ये सभी के लिए

सहज उपलब्ध है सिर से लेकर पाव तक शूलों से भरी

लाशें सड़को पर चलती है और सौगात में एक दूसरे

को शूल सिर्फ शूल बाॅटती हैं।

व्यूह

हम तलाशते रहे घर भटकते रहे

कभी इधर कभी उधर

बनाकर एक समूह, कुर्सियों के बीच चलता रहे

व्यूह। अस्तीन में लिए साँप घूमते हैं कुछ लोग

हमारे मनोरंजन के लिए पंक्षियों पर निशाना साध

फिर चली गोली फड़फड़ाया तब बिलखता मन

गूँजती आहें तमाशाबीनों के बीच बजी तालियाँ

कुछ एक चिल्लाये, वाह वाह क्या बात है

क्या मारा है, यह शिकार अब तुम्हारा है

फिर आयी आवाज नहीं रहेगा समाज

सफेद पट्टियों में घर पहुँची लाश

चिल्लाई बहू, रोई सास,

चूड़ियाँ फोड़ बैठी रही स्त्रियाँ

रातभर लेती रही सिसकियाँ

चाँद में दाग

शान्त चूल्हा, नहीं जली आग

घर का अधिकारी मरा बारी-बारी

फिर चीखा इन्सान, कहाँ हो भगवान?

कह दो भगवान

बेचारगी

कुछ लोगों ने आकाश पे लिखा है
अगर आवाज उठाओगे तो , जला दिए जाओगे
मिटा दिए जाओगे
राह में वक्त के जलना भी कबूल होगा
पर नदी की धार में इन्सान डूबा है
और आवाज के साथ अभी समझौता है
ये आसमान में लिखा इन्कलाब मिट जाऐगा
समय बड़ा कारनवाज है
एक दिन फिर आयेगा
कौड़ियों के किताब पर नाम
यदि किसी बेजुबाँ का आये
तो रोना नहीं लोगों कहानी लम्बी है
और रात वीरान है तुम सोना नहीं
क्योंकि सोने पर अक्सर ख्वाब सताते हैं
और सड़कों पर इन्सान कम भेड़िये ज्यादा चलते नज़र आते हैं
अनंत की ओर चलती राहें
जहाँ क्रमबद्ध हाथ फैलाये लोग अपना भविष्य तलाश रहे हैं
ये सुविधा है जो उनके खास रहे हैं।

सत्य क्या था?

मैंने जाँचा और समझा
कि आख़िरकार सत्य क्या था?
और कहाँ तक असलियत, अपनी वास्तविकता पर खरी थी?
और कहाँ अपनी चरम सीमा पर पहुँचने के लिए
प्रेम अपनी मर्यादा खो रहा था?
मैं समझ तो नहीं पाया उस समय
मगर आज आने के बाद लगता है
वीरान ज़िन्दगी कहीं खोखलेपन से बिखर न जाये
अभी तो ठीक है मगर जाने क्या हो आगे
कहीं वास्ताविकता उसकी आँखों में चुभ न जाये
और वो जो हमारी बस्ती के मसीहा बनने का दम्भ भरता है
वह कहीं अपना वास्तविक चेहरा देख डर न जाये

तरकश

उल्लुओं के बाजार में खड़ा , बना तमाशा सोचता हूँ
कि अगर इन्सान की फितरत इसी तरह रही
तो क्या होगा परिणाम ?
हम चाहते हैं कि हमें तुरन्त मिल जाए ईनाम
मगर ये नहीं सोचते हैं कि क्या होगा अन्जाम
आखिरकार
ज़िन्दगी यदि हमेशा इसी तरह मुँह दिखाएगी निराशा का
तो कैसे हम कह पाएँगे अपनी आवाज
और अपने आप का सम्मान क्यू करें ?
हमें चाहिए सबकी सद्भावना और सबका प्यार
मगर इसके लिए उचित नहीं आपसी तकरार

बन्दिशें

सोचता हूँ कभी-कभी कि सीढ़ियों से चढ़कर

पहुँचूँ कहाँ? जहाँ दरीचों से ठण्डी हवा आ रही है

सुना है वहीं उसने अपना घर और मुकम्मल जहाँ बना रखा है

किन्तु अभी भी कुछ पुरानी खिड़कियाँ

जिनकी चिटकनियों में जंग लग गया है

रोकना चाहती है उनको

और लगाना चाहती हैं बन्दिशें

और पाबन्दियाँ

मगर क्या किसी जंग लगी खिड़की से हो पाएगा

बदलाव का ये तूफान क्या उसके रोके रुक जाऐगा

पश्छिम से आऐगा दक्षिण से

हवा तो हवा है

कई मरीजों के लिए तो पूरी की पूरी दवा है।

सोचता हूँ

सोचता हूँ कभी बन जाऊँ मुसलमान

पढ़ूँ पाँचों वक्त नमाज

और बनूँ सच्चा इन्सान

ठीक उसी तरह जैसे अब्दुल हमीद

जिसने सिखाया था मिटना अपनी धरती के लिए

और पढ़ाया था देश भक्ति का पाठ

सोचता हूँ यदि कभी बनूँ मैं हिन्दु

तो बन जाऊँ मोहनदास करमचन्द गाँधी की तरह

और गाऊँ सत्य और अहिंसा के गीत

दुनिया के मंच पर खड़ा होकर

चाहे असामाजिक लाठियाँ बरसती रहे मुझ पर

और कभी बनूँ अगर इसाई

तो बनूँ प्रभू ईशू की तरह

और फैलाऊँ प्रेम ज्ञान की बातें

समस्त संसार में सोचता हूँ

कभी अगर बँधना पड़े किसी धर्म में

तो बँधकर रहूँ किसी इन्सान की तरह

न कि किसी हैवान कि तरह

मैंने कुछ न लिखा

मुझे मालूम है

आज भी प्रतीक्षा होगी मेरे पलों की

जिसमें सारे संसार की छाया के प्रति

सिर्फ तुम्हें कहा गया है

मुझे ज्ञात है ज्ञान-अज्ञान से भरे क्षणों में भी

मेरे लिखे शब्दों को अपने हृदय से लगाकर

अपने स्वप्नों के संसार में

जहाँ कोई नहीं पहुँच सकता

तुमने सिर्फ मुझे पहुँचाया होगा

मुझे मालूम है

अपने जीवन की पुस्तक में एक-एक शब्द जो मेरे द्वारा कहा गया है

तुम्हें इन्तजार है उस प्रत्येक स्वर के साकार होने का

मुझे मालूम है

शाम ढलते ही तुम ख्वाबों की दुनिया सजाकर

कहीं दूर सपनों का घर बनाकर

मुझे सिर्फ मुझे सजाती होगी

मगर मैं क्या करूँ मेरी दोस्त

मेरी दुनिया तुम्हारे स्वप्नो से परे है

जिसमें लोग नशे की लत के शिकार हैं

बहुत ही ऊँचे दर्जे का नशा

जिसे मैं नहीं कर पाया हूँ

क्योंकि तुम्हारी-हमारी दुनिया के लोग आदी हैं लहू के

मानवीय ताजे लहू के

सुबह-शाम पीते हैं
और इसी के सहारे उम्रभर जीते हैं
एक ओर वो दूसरी ओर ये
सिर्फ आदी हैं गरीबी अभावों और दुखों के
जिसमें सिर्फ मानवता है, इन्सानियत है
यहाँ लोग तरह-तरह के गमों को सीते हैं, पीते हैं
और इसी दुनिया में रहकर
तुम्हारी दुनिया के लोगों से डर-डर के जीते हैं
मेरी दोस्त मैंने तुम्हें पाना चाहा था
फूल में खुशबू की तरह
मगर तुम्हारी दुनिया वालों ने
मेरे लहू का कतरा-कतरा पी लिया है
इसलिए मैं तुम्हारी दुनिया में नहीं आ पाता हूँ
और बस अब तुम्हारी दुनिया से विदा लेता हूँ

मैं जानता हूँ

ऐ अमीरों मैं जानता हूँ

कि तुम्हारी सोच के दृष्टिकोण से ये मेरी कविता बाँझ है

जिसने तुम्हारे लायक कोई संतान नहीं जनी

मैं जानता हूँ

तुम्हारी नजर में मेरी पंक्तियाँ एक पागल कुतिया की तरह है

जिसके भौंकने से तुम्हें कोई सरोकार नहीं है

मगर तुम क्या जानो

कि मैं कितने करोड़ों की माँ हूँ

कितने के जख्मों में औषधी का लेप हूँ

और मेरी ये पंक्तियाँ उनके लिए जीवन जीने की प्रेरणा है

तुम क्या जानो,

तुम्हारे लिए तो मैं एक खिसियानी बिल्ली हूँ

जो तुम्हारा कुछ नहीं बिगाड़ सकती

मगर याद रखो

जब कोई बिल्ली किसी अमीर का रास्ता काटती है

तो दुर्घटना हो जाती है

और जब कोई पागल कुतिया काटती है

तो तुम्हारे जैसों को मारकर ही छोड़ती है

इसलिए कहता हूँ मुझसे डरो

और मेरे काटने तथा रास्ता काटने से बचो

मेरे पास

मेरे पास तुम्हारी दुनिया जैसा कुछ भी नहीं है, जो है

मेरे अपने और अपनों जैसा, मेरे पास कुछ है

तो है मेहनत की परिभाषा

धधकती धूप में भी कुछ करने की आशा

और मैं तुम्हारी दुनिया से दूर हूँ

मेरे पास और भी बहुत कुछ है

जिनके तहत हमारी बच्चियाँ

तुम्हारे कुत्तो सा भी प्यार पाने में है असमर्थ

और बिना इलाज के ही घुट-घुट कर मरने के लिए है समर्पित

और है तुम्हारे कानों को न सुनाई देने वाली चीखें

हमारे अपनों की हमारे बच्चों की

शाम ढलते ही बूढ़े

बाप की दवाइयों को भूलने का नाटक है

मेरे पास और इतना सब कुछ होते हुए भी अकेला हूँ

सुबह शाम तिल-तिल मरता हूँ।

क्रान्ति

वो स्थान

मैंने वो स्थान देखे हैं

जहाँ लोगों की मौत होती है

जहाँ सिसकियों का घर है

जहाँ कराह को वरीयता दी जाती है

जहाँ इन्सानियत की हड्डी को

हैवानियत के दाँतो तले कुतरा जाता है

मैंने देखा है वहाँ सब मेरी बिरादरी के लोग हैं

जिनके पास न रोटी है न कपड़ा

सिर्फ आहें हैं

मैंने देखा है वहाँ के लोगों के लिए ज़िन्दगी एक परंपरा है

और मौत का अभिप्राय है मुक्ति

सुख एक कल्पना है तो अभाव उनकी ज़िन्दगी

मैंने वो स्थान देखे हैं......

मैं देखता हूँ

तुमने कई बार मुझसे पूछा

तुम क्या-क्या देखते हो ख्वाबों में

तो लो सुनो और समझो

मैं देखता हूँ पतझड़ का उदास रंग

और सूँघता हूँ सीलन भरी हवाओं की गंध

मैं देखता हूँ खुद को लेटा हुआ काँटो के जाल में

मैं देखता हूँ अनगिनत छोटे-छोटे लोग

किसी बड़े पाँव के नीचे दबकर मर रहे हैं

मैं देखता हूँ अपने बच्चों को पालने के लिए वैश्या बनी माँ को

मैं देखता हूँ इतना पढ़ लेने के बावजूद भी नौकरी न मिल पाने पर

चोरी के लिए मजबूर अपने भाई को

मैं देखता हूँ एक हल्की सी रौशनी

जो आते-आते कहीं रुक जाती है

और हमारी दुनिया अन्धकार बन रह जाती है।

 क्रान्ति

पैर

मेरे पैर आज भी तेज चलते हैं

क्योंकि अब मैंने उम्मीदों के जाली दस्तखत करना बन्द कर दिया है

क्योंकि अब मैंने जान लिया है

कि पहाड़ों पर चलना

अपने पैरों के साथ धोखा करना नहीं है

बल्कि अपने पैरों के साथ ईमानदारी और सावधानी का खेल है

क्योंकि अब मैंने जान लिया है

कि उम्मीदों से आगे चलने के लिए

पैर नहीं हाथों की मजबूती होनी चाहिए

और सहारे की शक्ल वाली छड़ी होनी चाहिए

मगर यह क्या

यह छड़ी ही जो हमें सहारा देती थी

वही हमें ठेल देती है

सहारा देने के बजाए हमें धकेल देती है

कितनी बदल गयी हैं सारी चीजें

बाड़ खेत को निगल रही है

और नदिया संसाधन मंत्रालय की जेब में पल रही है।

मुझसे उम्मीद करना कि

भाईयों मुझसे उम्मीद करना कि

मैं बड़ा होकर कभी न भूलने वाले स्वाद की बात करूँगा

मैं जब भी कभी बड़ा बनूँगा

तो अपनी दो बीघे जमीन को उनके कर्ज के तहत

न बो पाने के एहसास की बात करूँगा

मैं जब भी बैठूँगा तो अपनी माँ के उन हाथों की बात करूँगा

जो उनकी हवेलियों के बर्तनों में घिस गये है

मैं जहाँ भी बैठूँगा तो मोची काका की गुम हुई रौशनी की बात करूँगा

मैं जब भी मिलूँगा

तो लूले हवलदार के दायें हाथ की वीरता की बात करूँगा

मैं जब भी चलूँगा

तो अपने लोहार चाचा की जगह-जगह झुलसी हुई

माँसों को सुकून पहुँचाने वाली हवा की बात करूँगा

मैं जब भी कहूँगा तो अपने बाप के कन्धों के दर्द की बात करूँगा

और अपनी माँ की फटी हुई ऐड़ियों से निकलकर

बह चलने वाले खून के साथ बाढ़ में बह गयी अपने भाईयों की तस्वीरों

तथा अमित शरद की खोयी हुई किताबों की बात करूँगा

मैं जब भी बड़ा बना तो गाँव के भारत काका

और कल्लू दादा के ओझाई की बात करूँगा

और कभी ना मिटने वाले उस पोखर के संगीत की बात करूँगा

मैं जहाँ भी मिलूँगा तुम्हें, यही बात करूँगा

ज़िन्दगी

चलते-चलते रुक गयी है

लगता है स्याही खत्म हो गयी है

याद आती है उन दिनों की जब खूब चला करती थी

ज़िन्दगी के क्लिष्ट से क्लिष्ट शब्द को कितनी आसानी से

लिखा करती थी

कितनी जल्दी बीत जाता है समय

अभी कल ही कितना लिखा था मैंने

कितनी सुन्दरता से एक पूरा आलेख लिखा था मैंने

पर अब स्याही खत्म है, लाख चाहे कोई कितना हिलाये

अब रंग कागजों पर नहीं उभरेगा

इसी तरह की है आदमी की ज़िन्दगी

खत्म होने पर संसार में कुछ भी नहीं रहता

चाहे कोई कितना भी मर्सिया गाए

चाहे कोई कितना भी दिया जलाये

सच तो यही है

कि खत्म हुई साँसें तो खत्म हुआ जीवन

मुर्दें की याद

मुर्दें की याद में आदमी कितना रो सकता है
एक दिन, दो दिन ज्यादा से ज्यादा तीन दिन
आजकल बाबूजी लोग मुर्दें की याद में शराब पीकर सोते हैं
कौन कहता है कि लोग मुर्दें की याद में रोते हैं?
मुर्दें को याद करके सिर्फ कहानी का नायक ही रो सकता है
या पाठक भी भावुक होकर अपने नैन भिगो सकता है
लेकिन हमारी-तुम्हारी ज़िन्दगी में
लोग मुर्दें को याद कर जी सकते हैं
और हँसते-हँसते जहर ज़िन्दगी का पी सकते हैं
अब इससे ज्यादा कुछ नहीं हो सकता
आदमी बीमार है, उसमें ज़िन्दगी जीने का बुखार है।

अलग बात

ये अलग बात है

कि मौसमे-गुलिस्ताँ में अभी भी हरियाली है

मगर आज भी आदमियत की पहचान में प्रश्न चिन्ह भारी है

लौटकर मैं भी चाहता हूँ

कि मेरी ज़िन्दगी प्रश्नों का बोझ उतारकर खड़ी हो जाए

मगर फिर सोचता हूँ

अगर इन्सान इसी तरह

अपने प्रश्नों को पटक-कर खड़ा हो जाएगा अलग

तो पहचान बताने के लिए कौन सामने आयेगा?

इसी तरह इन्सान

बुनियादी प्रश्नों से मुँह मोड़कर अलग खड़ा हो जाएगा

तो हल कौन सामने लेकर आयेगा?

यथार्थ के तराजू में तौलकर

जब भी कोई काम नहीं होता है

तभी आदमी अपनी पहचान खोता है

सुन्दरता

सुन्दरता आजकल बिकती है

ब्लाउज पीस की तरह

मँहगी, सस्ती, टिकाऊ और चालू उपलब्ध है बाजार में

खरीदार की तलाश में

एक आत्मा बिल्कुल नंगी भटक रही

इधर से उधर ताकती है लोगों की नजर

कि कब कौन सा खरीदार उसे खरीदकर लाएगा

अपने प्रयोग में फिर भी नहीं आता है कोई नज़र कहीं भी,

किसी जगह कोई भी खरीदार भा

नहीं पाता उसे उफ यें विडम्बना कहा जाए

कोई लेकर अपने आप को ?

कहा फेंक दे हम इस ताप को ?

अगर यूँ हीं बिकाऊ हो जाऐंगे मानवीय मूल्य

तो कैसे बचा पायेंगे हम अपने इतिहास को ?

लाचारी

उठाये पूँछ अपनी भाग रहा है यहाँ से वहाँ

यह जानवर आखिर क्या बात है?

ऐसे जर्जर क्यों हालात हैं?

मैं अपनी बात किससे कहूँ?

गोदी में ढाई साल का भाई छोड़, माँ गुम है

और यह साँड जिसकी इतनी लम्बी दुम है

कि लटका है, उसमें सारा लोकतंत्र

और वह घूम-घूमकर कर रहा है विध्वंस

चारों तरफ मनमाना विध्वंस

आस्था के चेहरे पर तेजाब फेंककर

खुद, सुरक्षाकर्मी भीड़ पर आघात कर शान्त हो गया है

हमारा ये चेहरा हमारे समाज का मुख्य अंग बन चुका है

और हम तमाम नारों में

नारी सशक्तिकरण दिवस मना रहे हैं

और अपने आपको लुभा रहे हैं।

गाँव

बड़े-बड़े कदों और कुर्सियों के बीच

कहाँ है वह जो गाँव से शहर आया था?

विलीन है, चिर विलीन पता नहीं कैसे उड़ेगी?

बसन्ती हवा गाँव की जो इसके इन्तजार में बैठी है

देहरी पर दोनों हाथों को टेक

जाने कैसे बन्द होगी किवाड़ वृद्ध बाप के हाथों से

जो इसके आने से खुली ही रह गयी? अच्छा तो है

चलो भाग चलें यहाँ से यहाँ

सब भूखे नंगे जो सिर्फ अपनी जरूरतों को पूरा करने के लिए

अपनी आत्मा तक उताकर रख देते हैं

सामने वाली शख्सियत के लिए

चलो चलें

इनसे जब तक बचा रहे मेरा गाँव

ठीक ही है।

सजा

विदेशी धुनों पर बजेगी ज़िन्दगी की बाँसुरी

क्या करें कितना कहें

मुसलसल मरती हुई ज़िन्दगी को

जादू की छड़ी? हाथों को

अपने ज़िन्दगी की तस्वीर थमा

मैं क्या अपने बोझ से अलग खड़ा हो पाऊँगा?

काश ऐसा हो पाता खोने के लिए

और पाने के लिए कुछ नहीं है मेरे पास

आस्था है पेड़ पर तो उसकी डाल क्यों काटते हो?

अगर दवा नहीं बाँट सकते तो ना सही

लेकिन जहर क्यों बाँटते हो?

मगर तुम क्या करोगे?

जनम-जनम का अभ्यास कैसे छोड़ोगे?

ऐसे ही समाज सुधारकों और मसीहाओं से भरा पड़ा है हमारा संसार

आइये कट जाइये

और कटकर, सूखकर, जल जाइये

यही अभ्यास पीढ़ियों के चलने का मार्ग है

हम इसको उन्नति का नया पायदान बता

अपना नाम आधुनिकता में लिखवा रहे हैं

और इसी आधुनिकता की सजा पा रहे हैं।

आन्दोलन

तुम्हारे आन्दोलनों को खून चाहिए

तुम्हारे हाथों में एक जुनून चाहिए

क्योंकि अगर चाहत है सुकून की

तो चला दो पहले आत्मा के सड़े हिस्से को जला दो या गला दो

अपने होंठों के गीतों को नये राग नया स्वर दो

क्योंकि प्यासी आँखों में अगर चाहत है कुछ

तो जरूरी नहीं कि मैं मर मिटूँ

तुम्हारी धरती के चरागों में यदि रौशनी नहीं

तो मैं क्यों जलूँ?

ऐसी सोच को पहले बदलना होगा

और इन रास्तों के सभी काँटो को चुनकर

सबसे पहले खुद इनपे चलना होगा

तब जाकर कहीं कोई इन्कलाब आयेगा

और पथ से गुजरने वाला सुकून पाएगा

बोझ

मासूम परिंदे क्यों फड़फड़ाते हैं?

ये सवाल सामने क्यों नहीं आते हैं?

जबकि आकाश निराकार है

तो फिर तारों का घमण्ड क्यों बरकरार है?

जब तिल का मतलब ताड़ है

तो कौन सा लोकतंत्र बरकरार है?

बोझ हो जाए ज़िन्दगी

तो आदमी करे किस खुदा की बन्दगी?

असल तारीफ तो अपने आप की है

कि हम इतने दिनों से गगन बाँट रहे हैं

पीढ़ियों का खून बोतलों में पाल रहे हैं

मगर इन्सानी औलादों

क्या तुम कभी किसी को अपना मुँह दिखा पाओगे?

देखना एक दिन इन बोतलों के सहारे

खुद ही टूटकर बिखर जाओगे।

खाली हाथ

महसूस अगर दर्द हो
तो कोई बात नहीं
महसूस अगर गम हो
तो इसको आगे कहने को कोई सवालात नहीं
मगर ऐसा कब होता है?
हमारा किसान फसल कटने पर क्यों रोता है?
तुम्हारा साहूकार सेंत की गिनकर क्यों सोता है?
अजीब कराहते सवालात हैं
हमारे गमों को चाहिए, तुम्हारे सुखों का साथ
क्योंकि, यह भी कोई बात है
हम जिसके पास तुम्हारे सुखों की सौगात है
उसके पास सिर्फ दोनों खाली हाथ हैं।

काश

रिरियाक, सिसियाकर और झिझकारकर

चले गये महाशय

और पीछे छोड़ गये पिंजड़े से बेहतर मगर कैद कमरे की ज़िन्दगी

वाह रे आजादी मान गये तुझे

तू बड़ी अजीब है

है तो हमसे दूर मगर सोचता हूँ कि करीब है

काश ! ये शब्द सदैव से हमारे जीवन की शोभा है

और बना ही रहेगा

हाँ पहले और आज में फर्क इतना जरूर है

कि पहले ये काश सब पर लागू था

मगर आज यह हम गरीबों पर सवार है

मैंने बहुत दिनों तक तलाश किया जिसे

वह गाँधी, आज कुर्सियों का तलबगार है

निश्चित ही यह आजादी की आधुनिक रफ्तार है।

जुनून

कसैले धुएँ और दहकती ज्वालाओं का क्या होगा ?

बहके इन्सान और चमकती शैल-मालाओं का क्या होगा ?

सोचता हूँ किसी पेड़ के तले जाकर रो लूँ

मगर ये भी बड़ी मुश्किल का प्रश्न है

ठीक है, अगर आवाज में दम है

तो क्या हुआ चाहे भले आदमी कम हैं

आँसुओं से लिखी बात का कोई मतलब नहीं होता

और इन्सान के सिवा कोई भगवान रिश्वत नहीं लेता

मगर जुनूनी ज़िन्दगी ठीक नहीं होती

कट्टरपंथी बन्दगी किसी की सगी नहीं होती

सच है लड़ने वालों की कभी कोई अपनी निजी ज़िन्दगी नहीं होती

क्रान्ति

विडम्बना

पत्तलों के बीच कोई अपना भविष्य बाँटता है

तो कोई दूध कुत्तों को पिलाता है

रोज हालात बदलते इस कदर की थाने में

खून करके अपराधी घर की जेल खाते हैं

आज गुजरा उधर से जहाँ शहर जिन्दा है

वहाँ भी लोग अपनी सिसकियाँ छिपाते हैं

कह दिया जाए भेड़ियों से

अपने-अपने शहरों को जाओ

अब हम दोनों खुद को आजमाते हैं

तुम्हारे नाखूनों और खूँखार दाँतों से अब हम नहीं घबराते हैं

रात कितनी भी अँधेरी हो

सुन लो ऐ! दोस्तों

सुबह होने पर सब कुछ साफ नजर आते हैं।

रौशनी

अक्सर लौटकर खोयी हुई आवाजों के बीच

दब गयी सिसकियाँ

मातमों का घर और हमने जलायी खुशियाँ

आज भी माँगने आया था मुझसे रौशनी

मगर फिर भी खाली हाथ लौटाकर चैन की नींद सो रहा हूँ

अपनी बात किससे बाँटूँ?

अपने तूफान कहाँ काटूँ?

मौजूदा हालात गम से लिपटे हैं

कहाँ जाऊँ किसे अपनाऊँ?

सपनों की दुनिया कैसे सजाऊँ?

काश कि हमारे पीछे भी कोई जगमगाता

कोई हमें भी रौशनी पहुँचाता

काश कि कोई सूरज अपने लिए भी रौशनी की धुन गुनगुनाता

महामारी

एक बार एक गिद्ध अपने साथी कौवे से बोला

क्या बात है भाई

क्या तुम्हारी भी बन्द हो गयी है ऊपरी कमाई

क्या तुम भी आजकल परेशान हो

अरे कुछ तो बताओ, क्यों इतना मायूस हो

क्यों इतना हैरान हो ?

इतने में कौवा बोला

सुनो भाई गिद्धौला

जो बात तुमने मुझसे बताई

वह किसी और से मत बोलना भाई

क्योंकि हवाओं के भी कान हैं

और ये बात कहीं उनके तक पहुँच जायेगी

तो सारी बिरादरी की जान खतरे में पड़ जायेगी

और फिर

संयुक्त राष्ट्र संघ की दलीलें भी तुम्हारे काम नहीं आयेगी

क्योंकि आजकल

माँस और खून पीने की उनकी जिम्मेदारी है

इसीलिए हमारे समुदाय में भयंकर महामारी है।

लाचार

हमारी बात तुम तक पहुँचती नहीं क्या ?

तुम हो जाने किस दुनिया के खुदा ?

देखो इधर मेरी माँ लाचार है

अपनी अस्मत की धज्जियाँ नीलाम करने के लिए

और उधर तुम्हारे मन्दिरों पर रोज धोतियों की भरमार है

चढावों में तुलता पुजारी और उसका परिवार है

हम इधर बेबस हैं, तो क्या तू भी लाचार है ?

अगर तू भी लाचार है तो उतार दे यह चोला

जिसके तहत, तू कहीं भगवान है, खुदा है, करतार है।

जिजिविषा

हमसे रूठकर आवाज की दुनिया खो गयी है

हम कराहते हुए स्वप्नों को लिए घूम रहे हैं

उनकी आँखों में नींद की पट्टी पड़ी है

आइए आपका स्वागत है इस बेजान दुनिया में

क्योंकि यहाँ मुफलिसों की बस्ती में रोना आसान है

खोकर, रोकर कहाँ जायें?

बहरों की बस्ती में हम कौन सा गीत गुनगुनायें?

आवाज आयी है अगर चुप हो तो ज़िन्दगी है

वरना रोने वालों के लिए यहाँ कोई जगह नहीं है

थककर, हारकर गिर गया हूँ

साँस फिर भी चल रही है

भीतर ही भीतर मचल रही है।

मुद्दा

आँसू, आह और तड़पती हुई बातों का मतलब निकालकर
तो लोग चले गये हैं
लगता है फिर से चुनावी मंडियाँ सजेंगी
चलो ठीक है कुछ तो अपने हिस्से में आयेगा
यही सोचकर हम चुप हैं
मगर यह चुप्पियाँ कब तक सम्भाली जायेंगी
यह लड़कियाँ हमारी
कब तक तुम्हारे घर बँधे हाँथ जायेंगी
काश ! किसी दिन ये सूर्य जगमगाता
और हमारे हिस्से के अँधेरे को पी जाता
यही सोच हम चुप हैं
मगर इस चुप्पी ने कब जन्म दिया है आसमान में
नये सूरज को ?
इसलिए हममें से ही किसी को आगे आना होगा
सूरज की रौशनी को रोके बादलों को हटाना होगा।

मुफलिसी

मुफलिस ने आवाज लगाई

अब हो जाए हाथापाई

अँधियारे की करूँ गुलामी

मरने पर मिलती गुमनामी

वो जिनका असतित्व है हमसे

जिनका भूत भविष्य है हमसे

संसद में वो भरें कुलाचें

तरह-तरह के राग सुनाते

वादों की तगड़ी सौगातें

कब तक हम कानों तक बाँटें

पेट का चूल्हा भड़क उठा है

भीतर से मन तड़प उठा है

आते-जाते इन रास्तों का कब तक करें बखान ?

कब तक बने मूक इन्सान ?

कब तक रहे यही पहचान हमारी

घर का मुखिया मरता बारी-बारी

इतिहासों में हैरत भरी निगाह से मत भरो

क्योंकि हमने अब सीख लिया है

अपने घर-आँगन को सींच लिया है।

ख्वाहिश

अपने-अपने आसमान की ख्वाहिश में
सब एक-दूसरे को तरसाकर
अपने को संतुष्ट करना चाहते हैं
मगर क्या किया जाए?
किसको समझाया जाए?
मेरी आँखों में तड़प को आज तक बरकरार रखने वालों
आसमान से लेकर जमीन तक बाँटने की त्रासदी
सिर्फ निगाहों से चाहती है अपनी
हिस्सेदारी, हो नहीं सकती
बेवफा से वफादारी, नजरों के निशाने में
भविष्य की बागडोर का मसला अगर हल हो जाए
तो कोई बात नहीं
आप अगर भगवान हैं
तो क्या हुआ आज हम भी इन्सान है
आपसे कम हमारी औकात नहीं है।

दास्ताँ

जाइये आपसे ज्यादा क्या कहूँ?

किस मुँह से आपके गुणों का बखान करूँ

सपनों को तोड़ने की शौकीन हैं

आपके घरो की खिड़कियों से झाँकती दो आँखें

जो सहम गयी हैं उस हादसे से

जहाँ उसको कली से पुष्प बनाने की मुहीम छेड़ी गयी थी

इसमें बारी-बारी से इतिहास का क्षय हुआ

वह जो कल संघर्षों का पुतला था वह

आज है आकाश का धुआँ

इसी प्रकार वह भी है

जिसको ज़िन्दगी की दास्तान बतायी

तो बताते-बताते छलक आयी अँखियाँ

और सुनने-सुनाने के सिलसिले में कुछ खास नहीं है

सिवा इसके कि कभी मेरी आँखें तुम पोछो

तो कभी मैं तुम्हें मोतियों से सजा लूँ हयैलियां

सत्य बिछाकर-ओढ़कर जीने की परम्परा का सच

और उसका व्याकरण

इसकी अपनी एक अलग ही पहचान है

आदमी क्या आदमी है?

नहीं भाई साहब एक चलती-फिरती दुकान है

उस पर भी यह मौका तो अलग ही लोगों को नसीब होता है

जिसके साथ दुनिया है, उसके पास धर्म है, इंसान है

मगर इस धुंध में खोया हुआ चेहरा
और उसकी चमक दोनों से बेखबर
कोई और किसी अलग सी चीज को बटोरकर जो मिलता है
उसको हम अपनी परछाई बना नहीं सकते
अफसोस करें, पछतायें
मगर हम अपनी पहचान मिटा नहीं सकते

आदमी

क्या किसी अफसोस-जनक घटना का नाम ज़िन्दगी है ?

या किसी चकाचौंध से भरी आँखों का नाम है ज़िन्दगी ?

क्या है और इसकी परिसीमां में क्या तय किया जाय ?

असल में दौलतमंद और अमीर लोगों ने

ज़िन्दगी के मायने बदलकर

इसे नाम दिया है, उस अलौकिक दिव्य रौशनी का

जिसमें आम आदमी के सिर पर टोपी नजर आती है

और बेकार आदमी की जेब मोटी नजर आती है

ये नया चलन है किताब में पन्ने तो हैं, लिखावट नहीं है

आदमी की ज़िन्दगी, ज़िन्दगी है उसकी बुनावट नहीं है

कभी सादा दिखने वाला सीधा सादा इन्सान

अब बनावटी फैशन की दुकान है

और उसकी परिभाषा उसकी जेब में पड़ा सामान है।

सन्नाटा

तेरे मेरे बीच जो पसरा है वह सन्नाटा

अपनी ज़िन्दगी के जिस धरातल पर

अपनी उपस्थिति दर्ज कराता है

वह सिर्फ एक ज़िन्दगी में नहीं

कई जन्मों से चला आ रहा सम्बन्ध है

और इसे किसी भी प्रकार से मिटाया नहीं जा सकता है

इतने जन्मों से इसी जन्म में जान पाया हूँ

ये जो भी है, जितना भी है

इसमें सारी दुनिया सारी कायनात समायी है

आँसुओं से लिखी घनी इबारत का क्या मतलब?

तख्तियों में लिखकर

अपनी भूख लेकर गली-गली घूमकर प्रदर्शन करना

ये कैसा विरोध जिसका कोई असर नहीं?

उफ सन्नाटा, ये सन्नाटा ही हमारी ज़िन्दगी है

और इसी में हमारा सब कुछ निहित है।

हो सकता है

हो सकता है बरसात का पानी घरों में सोख लिया जाए

और नदी प्यासा कुआँ बन जाए

इसीलिए कहता हूँ जब तलक जीना सिर्फ उतना पीना

जितने में ज़िन्दगी सिर्फ ज़िन्दगी रहे

आँखों की बुलन्दी में देखकर चले जाने वालों

यहाँ जान की कुर्बानी भी नाकाम गिनी जा सकती है

इसलिए अपनी आवाज़ को बुलन्द कर चीखो

जितना चीख सकते हो

क्योंकि लाउडस्पीकर

जबसे हमारी ज़िन्दगी में डी. जे. बनकर शामिल हुआ है

हम उसी के लिए तरस और तड़प सकते हैं

जो हमारी मूल जरूरत है

मानवता हमें उससे मिला देना

जो हमारा लक्ष्य है।

बाजार

मुझे पता है कि तुम अपनी झीनी-झीनी चदरिया में

भीनी-भीनी खुशबू की तरह खुद को समझोगे

कि जैसे तुमने उसका आनन्द लिया हो

मगर यह बिल्कुल गलत है

तुम जिस भाव में थे उस भाव ने उठाया गिराया

फायदा और नुक्सान भुलाकर

अपना सब कार्य करने वालों

ज़िन्दगी का सबसे बड़ा फायदा तुम हो

तुम्हीं तुम हो

अन्य कुछ भी नहीं

मगर जिसने नोटो का बिस्तर बनाकर सोने का चलन पाला है

उसको इस बात की गरज है

कि उसे कितने बंडल और मिलेंगे

आगे बिस्तर को ऊँचा और ऊँचा बनाये रखने के लिए

सेहतमंद लोग कुछ भी खाने के लिए तैयार हैं

तभी तो बाजार में हम भी बिक रहे हैं और

हमारे भी खरीदार हैं।

अचानक

मैंने एक म्याऊँ पाली थी

जब वह बच्ची थी

तो वह न गोरी थी न काली थी

बस अच्छी थी, क्यों?

वह बच्ची जब रोती थी तो उसका बाप रो पड़ता था

अपनी आँखों में उसके आँसू जल्दी-जल्दी संजोने लगता था

मुझे याद है वो दिन

जब मैंने पहली बार उसे डाँटा था

उसको अपने सीने से लगाये बगैर मैं तब तक जला था

जब तक वह सो नहीं गयी थी

जब वह सोई तब मैंने उसे प्यार किया, गले लगाया

कब वह छोटी बच्ची थी

यूँही कोई आठ या दस बरस की

जब आज मैंने उसे दूसरी बार डाँटा

वह घर से चली गयी है

कहाँ ? यह कोई नहीं जानता

क्योंकि अब वह जवान है, खूबसूरत है

बीस- बाईस बरस की गोरी है

मैं नहीं जानता कि वह कहाँ गयी और क्यूँ गयी?

भ्रष्टाचार

मैं एक सर्प हूँ, काला नाग हूँ

कई फनों वाला काला नाग

जिसके एक फन से

पता नहीं कितनी कामिनियों की प्यास बुझती है

जिसके दूसरे फन से राजनीति की सफेदी दिखती है

मैं वो काला नाग हूँ जो हर रात

किसी न किसी की अस्मत से खेलता हूँ

और देर रात तक सड़कों पर बियावान टहलता हूँ

मैं वो काला नाग हूँ, जिससे कुर्सी अपना दाम तौलती है

बोलती है बुलवाती है और कोठों पर बैठ धंधा करवाती है

मैं वो काला नाग हूँ जो मौका पाकर अगर डस लूँ

तो जहर नहीं लगता

मेरा नाम भ्रष्टाचार है

समाज में कई लोगों को मेरा बुखार है।

चमत्कार

क्या पता चल सकता है
कि आदमी और आदमी की पहचान में ये देखा गया है
कि अभी भी कोशिश और चलन का दौर है?
आने वाले समय और उसकी पहचान के लिए
आमदनी अठन्नी और खर्चा सौ रुपया निर्धारित कर
सरकारें मसीहा बनने का प्रमाण पत्र ले गयी हैं
कैसे बिता सकते हैं हम अपनी ज़िन्दगी?
अगर सोचने से अच्छा होता
तो इतिहास घिनौना कभी नहीं होता
भूलने की आदत में हम सब कुछ भुला देते हैं
चाहे वो चमत्कार हो या बलात्कार
अच्छा है कोशिशें यही होनी चाहिए
पात्र दो हों या दस बस ईमानदार हों
धारदार हों या ना हों
लेकिन कामगार हों और खबरदार हों

चक्रव्यूह

चक्रव्यूह में फँसा अभिमन्यु

कभी देखता है द्रोण को

तो कभी याद करता है अपने पिता के मुख से मुखरित उस वाक्य को

जो अविस्मरणीय है

चक्रव्यूह में रुका अभिमन्यु

घड़ी-घड़ी उस घड़ी को कोसता

जिसमें उसे कर्ण जैसी दीवार को लाँघना कठिन हो रहा था

चक्रव्यूह में खड़ा अकेला अभिमन्यु

वीरता की सारी परिभाषायें लाँघ मिटा गया सारी विरह वेदना

उत्तरा की, चक्रव्यूह से उड़ा अभिमन्यु

और छा गया सारे आकाश में

चक्रव्यूह में खड़े सभी योद्धा ताक रहे थे

कि अभी वो आकाश से आयेगा

लेकिन फिर जो उड़ा तो लौटकर नहीं आया

वह जो अकेला ही आठवाँ द्वार पार कर गया

चक्रव्यूह से उड़ा अभिमन्यु फिर नहीं मिला

किसी मानवीय संवेदनाओं से फिर नहीं पाया गया

किसी मानवीय संरचना में ऐसा उड़ा अभिमन्यु

कि आकाश को लाँघ अनन्त में विलीन हो गया

कलुषता

कठिन होता है

आत्मा से कलुषता को मिटा देना कठिन होता है

सरल होता है

गुरु के चरणों में सिर देकर निर्विकल्प होना सबसे सरल होता है

आसरा पाकर चढ़ जाना आसान है, लताओं और बेलों की तरह

किन्तु यह लम्बा जीवन नहीं दे सकता है

अकेले चलने पर बड़ा भय है

कभी काम है तो कभी मोह है

कभी लोभ है तो कभी क्रोध है

बिना सहारे के जाना मुश्किल है

फिसलने की सम्भावनायें हैं

इसलिए पकड़ गुरु नाम की डोर

लेकर सहारा बढ़ चलिए लक्ष्य की ओर

इसीलिए कहता हूँ आइए-आइए

गुरु की शरण आइए

और भव से पार होने का मार्ग पाइए

आश्चर्य

आश्चर्य तो यह है कि इस अंधकार में भी दिया चमकता है

लेकिन जिसे विश्वास नहीं

उसे कुछ नहीं मिलता है

अजीब लोग हैं संसार में प्रभु

जिन्हें आपका स्वरूप नहीं दिखता

जिन्हें मस्त नदिया के कल-कल स्वर नहीं सुनाई पड़ते

आँखों के सामने चमकता है सूर्य

मगर वो दीपक ले उजाला करने की बात करते हैं

बाहर आनन्द की बाट जोह रहे सफर के यात्रियों

आनन्द कोई अगला स्टेशन नहीं है

जो चलते-चलते आ जाएगा

आनन्द तो गुरु की नजरों में है

जो उनके पास जाने पर ही मिल पाएगा।

सत्य

सोचते-सोचते थक जाओगे

हाँफते-हाँफते मर जाओगे

ऐ आदमी ! क्या यही है तेरी ज़िन्दगी ?

सोच जरा सोच

क्या गति होगी तेरी ?

तुझे तो बस इस्तेमाल कर रहे हैं

वो लोग जिनको तू मेरा मानता है

वोही एक दिन तेरे-मेरे को छोड़कर उसका बना देंगे तुझे

लेकिन तब तक देर हो चुकी होगी

प्राण निकल चुके होंगे

और तू दूर खड़ा अपने ऊपर पछता रहा होगा

अन्त में ऐसा ही होता है

इसलिए जागो

सच्चाई से मत भागो

जद्दोजहद

बस्ती वीरानेपन से आबाद है

घर सुनसान आवाजों के साथ है

कोई लकीर हमारे चारों तरफ खींची गयी है

हम खूँटे से बँधे जानवर की तरह इधर-उधर घूम रहे हैं

और सियासत अपनी ज़िन्दगी की पटरी पर लगातार दौड़ रही है

हमारे घरों में लैपटाप की तरह कोई भी हमशक्ल चीज नहीं है

क्योंकि इस बरसात में

अक्सर कच्चे घरों से पानी चूकर हमारी सारी औकात को बता देता है

अगर मजबूरी का नाम जीवन है

तो मुझे मौत का ही चुनाव करना है

क्योंकि हमारी आपसी लड़ाई उनसे है

जो अपने आप ही हमारी चोट को समझने का प्रयास करते हैं

और हमसे अलग जहाँ रहना चाहते हैं रहते है।

कौन मानव ?

खोजता एक दिन स्वयं को जा के पहुँचा उस किनारे

जहाँ से उच्छाह पर भी गंग धारे बह रही थी

कह रही थी बहते जाओ

तुम रुको ना शान्त होकर कहते जाओ

मैंने पूछा

धार तुम क्यूँ बह रही हो किसके खातिर कष्ट इतना सह रही हो ?

बोल उठी वह कि सिर्फ मानव की खातिर

मैं झिझककर बोल बैठा कौन मानव ?

जो तुम्हारे रूप को निशदिन बिगाड़ते रात-दिन है

गन्दगी का जो तुम्हें उपहार लाते

या कि कर दुष्कर्म जो सबको है ठगते

और आकर तन यहाँ है साफ करते

किसके कारण कौन सा है स्वार्थ तेरा ?

क्यों भरा है पद चिन्हों से घाट तेरा ?

क्यों नहीं माँ तू थी नफरत बाँटती हो ?

क्यों सदा जो भी है आया तुम उसे पुचकारती हो ?

प्रश्न सुनकर वो रही खामोश सी

कुछ और बोली खुद भगीरथ की कहानी

मैं बोला माँ व्यर्थ बातें ना सुनाओ

प्रश्न जो पूछा है तुम उत्तर बताओ

तो गरजकर बोल बैठी तुम बताओ

यदि मैं नफरत के एवज नफरत ही दूँगी तुम सभी को

तो बताओ कैसे रख पाऊँगी माँ के अस्तित्व को

मैं तो माँ हूँ मैं सदा पुचकारती ही

मैं रहूँगी तुम आओ या और कोई

मैं सदा से तारती हूँ तारती ही मैं रहूँगी

❊

भारत

मेरे व्यक्तित्व की सबसे बड़ी पहचान
जिसे कहने से सारी सभ्यता
अपने आप सिमटकर एकाकार हो जाती है
जिसे सोचने से तरह-तरह की संस्कृति का मिलाप
अपने-आप दिखने लगता है
किन्तु अगर तुम्हारा कोई पारिवारिक भारत है
तो मुझे इन्कार होगा
उसका सदस्य होने से
मुझे इन्कार होगा
किसी व्यक्तिगत पहचान बनाने वाले भारत से
क्योंकि भारत न मेरा है न तुम्हारा है
यह तो सारे जहाँ से अच्छा हिन्दोस्ताँ हमारा है।

सड़कें

टकराकर, लड़कर, थककर, हारकर बैठो

तब तुम्हें दिखायी देगी दुनिया

जिसमें दर्द है, गम है और तमाम कोशिशें

जिससे कि लड़खड़ाकर कदम दो कदम हम पीछे गये हैं

तुम्हारे-हमारे बीच की ये दुनिया

और इस दुनिया के सारे संविधान पता करो

और पता ही करते रहो

क्योंकि अभी तक कुछ पता नहीं चला

कि वो कौन है जो नवजात को जन्मते ही छोड़ गयी

पीठ पीछे सब कुछ बर्दास्त करने के लिए

अकेले और इकलौते की तरह उसे

जिसका सब कुछ ये सड़क है

सिर्फ ये सड़कें

सवाल

शर्म के गहने बेच दो

तुम्हें ज़िन्दगी मिलेगी

मुझे शरीर पर कोई भार अच्छा नहीं लगता

इसलिए मैं नंगा हूँ आम आदमी की तरह सोचता हूँ

इसलिए पिछड़ा हूँ अबतक

किसी दिन अपनी शाम को तुम्हारे आँगन में उतार दूँगा

तब तुम मुझसे क्या कहोगे

कबीरा से मत खेलना ये इतनी बड़ी बात है कि तुम सुन नहीं सकते

तुम सब खुद को आजाद समझते हो

वास्तव में आजादी एक अनुभव है

जो चन्द्रशेखर आजाद जैसे लोग ले गये

फिरंगी स्वभाव के लोग आज भी जिन्दा हैं

हमें ये स्वभाव खत्म करना था

मगर हम धीरे-धीरे खुद्दारी से पापलीन में समा गये

इसलिए किताब की कोई उम्र नहीं होती

और अनाथ सवालों की कहीं कोई पूछ नहीं होती

निशानियाँ

कोई नहीं बोलता मुझसे आजकल

क्योंकि मैं अब बदनाम हो गया हूँ

जिससे मुझसे वो भी नहीं बोलता

जाने क्यूँ मैंने ये चाहा कि कुछ नहीं चाहूँ

इसीलिए जितना था वो भी सहेजकर नहीं रख पाया

उसको मालूम था कि ज़िन्दगी का हर एक हर्फ उसका है

उसी का है

और उसकी चाहत एक अन्जान सी उपस्थिति की जानकारी है

यह सब कहना कठिन था

अपनी ताकत के गुमान में वो फिरता रहता है उदास

क्योंकि वह था पूरी तरह बदनाम और बदनीयत

इसलिए उसकी खामोश आवाज को समझ जाता था मैं

उसने अपनी हथेली के

अगले-पिछले सभी हिस्से में जड़ी थी निशानियाँ

किसी न किसी के आग्रह में कीमती निशानियाँ

किन्तु वहाँ कहीं मेरा अता-पता नहीं था

स्वर

आखिरकार अपनी ही बात पर टिके हुए

और समाये हुए पहचाने हुए स्वर

जिसके कारण ही ऊँची छलांग लगाकर भी

हम उस गहराई को नहीं पा रहे हैं

जिसको पाने के लिए हम सदियों से बेताब थे और रहेंगे

मुझे मालूम है

आवारा और पागल के नाम से मशहूर एक किताब जो तुमने पढ़ी है

उस नयेपन की ज़िन्दगी से तुम्हें क्या मिलेगा?

सिवाय इसके

कि तुम्हारी ज़िन्दगी में वो सब जिसकी तुम्हें जरूरत है

वह सब तुम्हें दिया जाए

तो तुम क्या करोगे?

इस तरह जैसे मैं तड़पता हूँ तड़पोगे

या अपनी आवाज के दायरे को छोड़कर

किसी तरह भागने की कोशिश करोगे

यह पलायन-वादिता तुम्हें मुबारक हो

मगर मैं आखिरी दम तक इनसे लड़ूँगा

और गोता खोर की श्रेणी में रहूँगा

प्राप्ति

अपनी ज़िन्दगी में कल तलक वो थी और उसकी आहट थी

भीतर गहरे में जो पल रही थी और बूँद-बूँद चू रही थी

कल तक उसके और मेरे दिल में कड़वाहट थी

और इस कड़वाहट में तमाम राहत थी

कि एक दिन उजाले अपने घर ये आयेंगे, बहेंगे, पलेंगे

और हमारे बच्चे उनके साथ मिल-जुलकर सब कुछ अपना लेंगे

मगर हमें पता नहीं था

कि वो इस तरह हमारी अपनी ज़िन्दगी से दूर

और वहाँ की बन्दगी में मस्त रहेंगे

कुछ-कुछ मुझे याद आ रहा है

ये सीने का घाव तुमने दिया है

और वह पीठ का घाव मेरे जन्म से है

उसका क्या किया जाए जिसको चमन ने वीरानियाँ दी हैं

हो सकता है

कि आधी रात कोई मसीहा तुम्हें याद करके मुझे जगाए

मानता हूँ कि उठी-उठी शैल-मालाओं को देखकर

तुम कुछ और पाने की चाहत में अपना सब कुछ गवाँ दो

क्योंकि किसी तरह जब कोई बात नहीं बनेगी

तब ही इसे पुकारोगे

जैसे कोई बात नहीं जानता

क्योंकि सदा से रिरियाने की आदत में सब कुछ

जिसकी तुम तलाश कर रहे हो अचानक खो जाएगा

और तुम्हारे हाथ तड़पने के अलावा कुछ नहीं आयेगा

❋

आखिरकार

जला चुके थे अब तक

हम अपने जीवन की सभी मूल्यवान

और तरीके से दिखने वाली उन चीजों को

जिसमें आहट के दौरान खोकर बिखर चुकी अय्याशियाँ

और उनके बीच मिटा चुके ये उन सभी परम्पराओं को

और भी बहुत कुछ

हम खोकर लगातार खो देने की तत्परता में हमने खो दिया था सब कुछ

मानो हँसी किसी किसान के चेहरे से

लगातार पड़ती झुर्रियों और झाइयों की परम्परा थी

और भी जीवन है

जिसमें जीकर देखना और जीना दोनों था मेरे पास

मगर आईने के सामने का सच और मेरे द्वारा स्वीकारा गया सच

दोनों ही कुछ अलग थे

ये बात जरूर है

कि मौसम की फुहारदार स्थिति से भीगा हुआ मन

किसी कुम्हार की माटी सा पड़ा अपनी बारी की इन्तजार में है

कि मेरा नम्बर कब आयेगा

मनुष्यता

चूसकर जब उसने ढीला कर दिया तब उसे यकीन आया

कि अब तक उसने जितना भी खून पिया है

वो मेरे जैसे किसी आम आदमी का ही है

काफी सन्तुष्टि और आत्म विश्वास में भरकर वो बोला

मिस्टर अगर आप आदमी हैं तो अच्छा है

लेकिन मैं एक पशुपालक आचार्य हूँ

मुझे किसी भी पशु प्रवृत्ति के मनुष्य की तलाश है

खैर अच्छा है आप आदमी हैं

किसी की तलाश पूरी हो जाएगी

देखो बेचारा बुद्ध मुक्त हो

सिर्फ अपना मनुष्य ही तलाश रहा है

ईश्वर मुझे मेरी मनुष्यता के लिए चुनना

मुझे पूरी आत्मीयता के लिए चुनना

भँवरजाल

भँवरजाल का मुरब्बा चुसाकर महोदय जी बोले

स्वामी यूं तो मैं जानता हूँ कि आप वही हैं

जिसने बम ब्लास्ट की योजना बनायी थी

निश्चित है आपने अपने हाथों से होली जलायी थी

इसलिए अबकि साल नोटबन्दी है

ज्यादा मत गरजना

तुम्हारी औकात के लोग मेरे घर पानी भरते हैं

लेकिन इसका क्या

जो योजना आयोग मुझे विकसित कर रहा है

इसको कहाँ ले जाऊँ, कैसे बताऊँ?

मैं यहाँ से वहाँ तक सिर्फ एक आदमी की सोच हूँ

वह तंजिया मजाक और बेअदबियत की हद में जाने को मजबूर है

मुझे आदत है गोल-गोल घूमाने की

और मिलते रहते हुए मिल जाने की

आदतन आदमी कितना लाचार होता है

शायद इसीलिए अपना अन्जाम इतना खराब होता है

वह कौन था?

मैं नहीं जानता वह कौन था?

शायद वह मेरे ही भीतर का खालीपन था

जो हर शाम कसैले धुएँ में

अपनी ज़िन्दगी बसर करने के लिए मजबूर था

मैं नहीं जानता वह कहाँ-कहाँ गन्दगी करता है?

क्योंकि वह जो अपने आप पर इतना इतरा रहा था

वह उसके आँगन का दर्द था

जिसे वह बड़ी आत्मीयता के साथ जीता था

मैं नहीं जानता कि उसके लिए शब्दों के क्या मायने थे?

मगर यह सच है उसके बैरियों में सबसे पहले उसके अपने थे

वह जो शब्दों के आडम्बर में फँसकर

इतिहास का मर्सिया पढ़ रहा था, वह उसका भाई था

मगर उसके लिए सम्बन्ध एक कचरे का डिब्बा था

जिसमें वह अक्सर जाकर थूक आया करता था

गन्दगी का सुकून उसे भाता था

इसलिए वह अक्सर देर रात घर में आता था

वह जो बीस साल की अवस्था में

अपने पहले सहवास की पीड़ा में व्यस्त थी

वही उसकी नजर में पहली देरा भक्त थी

उसके साथ मैंने उसे कई बार

अँधेरी रातों में आपत्तीजनक स्थितियों में देखा था

वह जो पल-पल साँप की तरह केंचुली बदलता था

वह उसका रहनुमा था

और उसके सानिध्य में उसके सपने थे
उसके लिए वह गीत कम मर्सिया ज्यादा पढ़ा करता था
क्योकि उसे राजनीति से
कोई लगाव नहीं था, मैं नहीं जानता कि उस रात
उसने उसके साथ अपनी आदत के अनुसार किया ?
उसके बगल एक लम्बी इमारत थी
जो उसे अक्सर मुँह चिढ़ाती थी
उसके पास आत्मीयता भरी चीखों के लिए खाली स्थान था
क्योंकि वह मशीनों के साथ रहने वाला मशीनी इन्सान था

गलियाँ

वह गली जो सीधी है वह अब आगे से बन्द है

क्योंकि अब इधर से कोई आता-जाता नहीं

वह गली जो आगे मुड़ती है वह आपके जाने योग्य नहीं है

क्योंकि- वह रास्ता जंगल की ओर जाता है

वह गली जो यहाँ से निकलकर

शहर की चकाचौंध की ओर जाती है

वह गली जो आगे चलकर सड़क बन जाती है

वह गली खैराती है

उस गली से मंत्री जी की गाड़ी नहीं आती-जाती है

क्योंकि उस गली में काफी गढ़े हैं

वह जो आप देख रहे हैं, चिकनाई युक्त और नरम है

उस पर मंत्री जी का विशेष करम है

और यह जो आगे से दोनों के साथ निकालती है

उसमें से एक खो जाती है

और शेष बची बदनाम मुहल्ले की ओर मुड़ जाती है

और आगे आइए आपको दिखाता हूँ

यह जो आप देख रहे हैं, यह बदबूदार गली है

यहाँ शहर की गन्दगी पलती है और आगे बढ़ती है

वह जो आप देख रहे हैं

वह इस शहर का सबसे माना जाना धनवान नाला है

जो इस गली के हर घर में बराबर फैला है

लेकिन वह गली जो सीधी है वह अब बन्द है

उधर कोई आता जाता नहीं

आइए और दिखाता हूँ

वह गली जिधर काफी शोर है

वहाँ पर सिर्फ भूखे नंगो का जोर है

और वहाँ का आदमी नाली के कीड़े से भी कमजोर है।

✳

कहानी

किसी अन्जान लहर की तरह
किसी सुनसान जगह की तरह
पोखरों के संगीत के समान मदमस्त करने वाला सुख
कैसे मिले न जाने कहाँ ?
न जाने कैसे चुपचाप आँखों की गहराई में
बे परवाहिगी से देखते-देखते ही
मुझसे मेरी पहचान के दो शब्द फूटे थे
जिसमें मुझे अपनी अंतरात्मा देखने का अवसर
अब कहाँ मिलता है
उसे याद करके कब सुख मिलता है मुझे
वो मंजर जहाँ मेरे बच्चे भूख से तड़पते हैं
जहाँ मेरी माँ की हथेलियाँ तुम्हारे बरतनों में घिस गयी है
जहाँ हमारी बहनों के बदन तुम्हारे शौक की निशानी हैं
यही हमारे दर्द की कहानी है।

पाप

भूगर्भ से निकलकर

एक दिन एक देवी मुझ पर कुपित होकर बोली – क्यों रे?

क्या करता है?

मैं बोला माई कुछ नहीं, काम की तलाश है

सच कहूँ तो यह जीवन एक जिन्दा लाश है

इस पर वह चिढ़कर बोली - क्या बकता है?

क्यों अपने-आप पर यूँ कुढ़ता है

क्या तू भूल गया है

तुझे मैंने अपनी छाती फाड़कर अन्न खिलाया है

चाहे तू जैसा हो, अपने सीने से लगाया है

तू भूल गया क्या? कि तेरा भी कोई फर्ज है

अरे सोच जरा तेरे ऊपर मेरा कितना बड़ा कर्ज है?

मर जाने से कब कोई मामला हल हुआ है

आत्महत्या मानवता का सबसे बड़ा अभिशाप है

मेरी नजर में सबसे बड़ा पाप है

और मेरा सबसे बड़ा दर्द है गुनाह है।

कहानी

फँसाकर चले ही गये आखिरकार इस मकड़जाल में

मैंने तो तुमसे एक पिंजरे की जगह माँगी थी

मगर तुम तो मेरा टेंटुआ दबाने के चक्कर में पड़ गये हो

क्यों मुझ पर इस तरह अकड़ गये हो?

अरे आखिरकार क्या कसूर है हमारा

हमने तो तुमसे कुछ माँगा भी नहीं

अरे तुम्हें मुबारक हो तुम्हारी अपनी ज़िन्दगी

हमको हमारे हाल पर छोड़ दो

हमें मत मारो हमें, जिन्दा छोड़ दो

हम तुम्हारे तंत्र की चक्की में पिसने को तैयार हैं

हम तुम्हारे अपने हैं, वफादार हैं

आओ चाहे तो हमें ना अपनाओ

मगर तुम्हें कसम है अपने भगवान की

तुम हमें बख्श दो, हमें छोड़ दो

विडम्बना

किसी अँधेरे कमरे में बैठकर रौशनी का इन्तजार करो

ऐसा कह वो लोग जो पिछले दरवाजे से चले गये हैं

लगता है यह उन्हीं लोगों का कमाल है

कहीं जातीयता से प्रेरित दंगे है

तो कहीं एक मुश्त रोटी का सवाल है,

अभी याद आया यहीं-कहीं वो खिड़की है

जिसको वो बन्दकर चले गये हैं

आओ चलो इसे खोलते हैं

कहीं ऐसी जगह कुछ बोलते हैं

जहाँ बोलने का मतलब समझा जाता है

जहाँ इन्सान को पैरों के जूतों की नोक की तरह नहीं

वरन इन्सान की तरह आँका जाता हो

धरती

मैंने हजारों जीव पाले थे

और आज भी हजारों जीव मेरी शरण में हैं

मैंने एक से बढ़कर एक खूँखारों को अपनी गोद में सुलाया था

और एक से बढ़कर एक न जाने कितनी ही सामान्य

और असमान्य घटना को अपनी आँखों से देखा था

मगर आज जो घटित हुआ

उसे कभी भी अपने सामने नहीं पाया था

मुझे नाज था

इन हजारों-लाखों जीवों में वो जो मानव था

मुझे विश्वास था

वह आगे बढ़ाएगा भारत जैसी गौरवशाली परम्परा

मगर यह क्या

जिसे मैंने सबसे अधिक जहर से लड़ना सिखाया

उसी इन्सान ने मुझे काट खाया

जागरण

चुप रहो ये नारा

चारों तरफ लगा है

उनका ये कहना है जिन्दा रहना है तो

अपने घर जाओ हमारी गल्तियाँ देखना सज़ा है

सच्चाई कहना और सुनना

एक पूरे के पूरे तंत्र से दगा है

सत्यमेव जयते दीवारों पर टंगा है

बेईमानी की सोन चिड़िया ने चारों तरफ बीटकर दिया है

जिसका दाग मन्त्री से लेकर सन्तरी तक

हर किसी के चेहरे पर लगा है

यह जो सफेदपोश खद्दर में इधर-उधर घूम रहा है

इसने तो अपनी माँ का भी सौदाकर दिया है

यह आदमी किसका सगा है

इसने अपनी पूरी मण्डली के साथ मिलकर

हमारी सम्पूर्ण भावनाओं को ठगा है

और तुम एक तरफ किनारे बन्द कमरे में बैठकर कहते हो

सूरज उगा है

बताओ किस तरफ कौन सा सूरज उगा है

यदि उगा भी है तो उससे कौन सा इन्सान जगा है।

चरित्रावली

मैं कोई महापुरुष-वुरुष नहीं था मैं था एक भेड़िया

जिसको इन्सानों ने पाला था

और बाद में जिसे समाज में लोग जाने-अंजाने में समझ लेते हैं मसीहा

ऐसे ही कई मसीहों को मैं जानता हूँ

क्योंकि मैं भेड़िये की सोच में आदमी की पहचान हूँ?

माटी का उजरौटा हूँ आम आदमी की सोच हूँ

मैं हूँ मेरे साथ अन्याय किया गया है

मुझे बदनाम किया गया है

मेरी पीड़ाओं को कई बार प्रणाम किया गया है

मिलकर विदेशों में सरनाम किया गया है

कि मैं हूँ एक भेड़िये के रूप में, मुझे लोग अंजाने में समझ लेते हैं भेड़िया

मैं जो सत्य हूँ, समाज हूँ, सर्वत्र हूँ

मैं हूँ वो सताया गाँधीवादी, अहिंसावादी

मुझे देश की जनता फटकारती है धिक्कारती है

मैं वो हूँ जो अंजाने में भेड़िया करार दिया जाने लगा है आजकल

मैं वो भेड़िया हूँ

जो देश की तरक्की का बाधक कवि हूँ

जो देश की गन्दगी पर नहीं थूकता हूँ

इन्सान के अन्दर की कलुषता को सामने नहीं लाता हूँ

इसलिए मैं मानता हूँ कि मैं एक भेड़िया हूँ।

❂

विश्वविद्यालय

युनिवर्सिटी भूगोल माँगती है बाबूजी

दुनिया पूरी गोल मानती है बाबू जी

क्योंकि यहाँ मानवता की शिक्षा को खत्म कर दिया गया है

यहाँ के विद्यार्थी के लिए नैतिक मूल्यों का कोई महत्व नहीं है

क्योंकि यहाँ पृथ्वी हमारी माता है

लेकिन ये वो पहले की भारत माता नहीं है

जिसके सीने पर भरत जैसे बच्चे

सिंहनी के दाँत गिनते खेला करते थे

मगर आज इसके कितने ही बच्चे

अनाथालय में पड़े सड़ रहे हैं

और उसके जख्मों पर कीड़े पड़ रहे हैं

क्योंकि किसी कार पर सवार जींस और टी-शर्ट पहने

आधुनिक भारत माता अनाथालय में

नये रजिस्ट्रेशन की तैयारियों में व्यस्त है

लेकिन पर्यावविदों के अनुसार वातावरण स्वस्थ है।

विडम्बना

तुम अनन्त से युक्त हो

तुम्हारे पास अनन्त पैसा अनन्त सुविधाएँ हैं

जिससे तुम जो चाहे तोड़ लो जोड़ लो

मेरे पास सीमित-अतिसीमित संसाधन है

जिनसे मैं तुम्हें पेट भरकर देख भी नहीं सकता

बातें तो बहुत दूर की बात है

तुम्हारे मोबाइल में अनलिमिटेड टॉक वैल्यू है

जिससे तुम जिसको चाहो, जितना चाहो जिससे चाहो

बातकर मुस्कुरा सकती हो हम पर और हमारी लाचारी पर

क्योंकि तुम्हारा तो नेटवर्क हमेशा बिजी है

तुम्हारे साथ ज़िन्दगी अनन्त है

मेरे पास है अनन्त अभावों की कभी न खत्म होने वाली लिस्ट

जिसको देखकर कोई भी तुम्हारे जैसी थूककर जा सकती है

तुम्हारा स्वागत है कि तुम मुझ पर थूक दो

मगर तुम ये भी नहीं करती हो

शायद तुम इसे भी अपना अपमान समझती हो

प्रार्थना

बदनामी में डूबा हुआ इतिहास नहीं चाहिए
हमें नहीं चाहिए वो,
जिसमें ऊँचाइयों से गिरकर मर जाने वाली परम्परा हो
हमें नहीं चाहिए
जिसमें दंभ और क्रूरता को जन्म देने वाली माताओं का सम्मान हो
हमें नहीं चाहिए वह जहान
जिस जगह हमारी इज्जत को नीलाम करने की
परिपाटी को प्राथमिकता दी जाती हो
हमें नहीं चाहिए वो शहर
जो हमारे पसीने पर थूकता हो
हमें वह भी नहीं चाहिए जो हमारी भावनाओं पर व्यंग करता हो
हमें चाहिए वह आकाश
जो हमारे लिए बरसता हो
हमें चाहिए वो जिसके पास हमारे लिए सरसता हो।

संशय की रात

वह बड़ी तूफानी रात थी

जिसमें मेरी माँ मेरे सामने अपना दम तोड़ रही थी

उसकी साँसें कुछ दवाइयों के अभाव में उसका दायित्व छोड़ रही थी

मेरे अन्दर की आत्मा मेरा हाल छोड़ रही थी

वह बड़े संशय की रात थी

उसी रात मेरी बच्ची

तुम्हारे महलों की चारदीवारियों में चीख रही थी

वह बड़े संशय की रात थी

उस रात जब चन्द रोटियों को चुराकर मेरा बच्चा घर आया

और चोर-चोर भीड़ चीख रही थी

वह बड़े संशय की रात थी

और उसी रात मुझसे छूट गयी ईमानदारी

और उसी रात मुझसे छूट गयी वफादारी

गूँगी आँखें

गूँगी आँखें कब बोलती हैं

गूँगी आँखें कब सहजता से अपना मुँह खोलती हैं

तुम्हारी चन्द चाँदी की गिन्नियों को देख कब फटी है यह गूँगी आँखें

अरे मैं बताता हूँ तुमको

गूँगी आँखें बोलती हैं

जब उन्हें एहसास की हद से ज्यादा सताया जाता है

जब उन्हें बर्दाश्त की हद से ज्यादा रुलाया जाता है

गूँगी आँखें बिलख पड़ती हैं तब

जब तुम्हारी शौकीन मिजाजी उन्हें अगवा करले जाती है

गूँगी आँखें तब ज्यादा खतरनाक हो जाती हैं

जब उन्हें कुछ खोने का डर कहीं खो जाता है

और उनकी आँखों का पानी बर्फ हो जाता है

आकारहीन संसार

खोखली बुनियादों पर कब तक टिकेगी दीवार
हमें नहीं चाहिए आकारहीन गुणों को
बाजार में बोलियों से तौला जाएगा
कब तक दहकती दीवार के सामने गिड़गिड़ाने की अदा सीखनी होगी
कब तक खामोशियों को सलामी दागने का कार्यक्रम जारी रहेगा
आखिर कब तक प्रजातंत्र के नाम पर
लोकतंत्र की धज्जियाँ उड़ाकर चलती रहेगी लोकतांत्रिक पार्टियाँ
वफादारी के नाम पर कब तक करेंगे वो गद्दारी
हमें बीमार खून नहीं चाहिए
अन्धों के हाथों में मिटा देने का जुनून नहीं चाहिए
अरे यह भी कोई बात है
हमारे पास कुछ भी नहीं
और तुम्हारे पास हर एक की बाँटने की सौगात है।

शायद

तुम्हारी आँखों में मुझे नजर आती है बदहवासियत

भले ही इसका मतलब कुछ और हो

भले ही यह रात तुम्हारे स्वप्नों की ठौर हो

मगर मेरे लिए यह रात तिल-तिल मरने वाली अमावस की रात है

वास्विकता के दीपक को जलाना अच्छी बात है

मगर जलाकर बुझा देना बहुत बुरी बात है

चलो रोकर अपना बोझ हल्का करने की आदत पड़ गयी

वरना एक दिन इसी एहसास में मर जाते

और कुछ दिखावटी फूल अपनी समाधी पर चढ़ जाते

द्वन्द्व

तेरे मेरे बीच में जो चल रहा है

वह आज का नहीं कई जमाने से मेरे सीने में पल रहा है

आसमान अगर टूटकर गिरना चाहता है

तो वह मजबूर है

क्योंकि वह धरती से दूर नहीं रहना चाहता है

अजीब स्वाद है इस आदत की जीभ में

जो हर बार गलती करके पछताती है

इस कमरे को शिकायत तुमसे नहीं है

इस जलते हुए बल्ब से है जो जलता तो है

मगर उससे रौशनी नहीं फूटती

क्या हुआ है मुझे कोई तो समझाये

कोई तो आये और मेरा दर्द बाँट जाए

भगत सिंह

भगत सिंह कहाँ बोलता है?

कहाँ नहीं बोलता है?

भगत सिंह जहाँ देखो वहाँ नहीं बोलता है

मगर यह सत्य है भगत सिंह जहाँ बोलता है

वहाँ खौलता है और वहाँ लोगों में एक आवाज होती है

जिसका मतलब है शहीदी

हर जुल्म और अत्याचार के खिलाफ शहीदी

मगर अत्याचारी बहुत प्रलोभन देकर भी जब कुछ नहीं पाता है

तब भगत सिंह की फाँसी का फरमान आता है

क्योंकि भगत सिंह की माँ शहीद नहीं होती है

वह तो कभी गीली माटी के अपने हाथों में

सौंधी माटी की खुशबू सूँघकर खुश होती है

क्योंकि वह उसका अपनी माँ से कौल है

कि वह फिर आयेगा और अपनी माँ को आजाद कराएगा।

क्रांति

विचारों की भट्ठियों में सुलगा रहा हूँ क्रांति की लकड़ियाँ
मगर पता नहीं क्यों?
पिछले पचास-साठ सालों से न जलती है और न ही सुलगती है
ये लकड़ियाँ हैं जैसी कल थी वैसी आज भी शोभायमान है
जबकि धरती सूखी है इतने दिनों से
मगर जिधर देखो चारों तरफ साफ आसमान है
मैं जानता हूँ उस अग्निकाण्ड में जल गए
वो सारे महान लोग और उनके विचार
जिसके कारण इन भट्ठियों का अस्तित्व आज भी विद्यमान है
आश्चर्य नहीं हुआ मुझे उस रात
जिस रात इन पर हमला हुआ था
हाँ खुशी जरूर हुई यह जानकर
कि आज भी इनकी अपनी दोस्ती है अपनी दुश्मनी है
और अपना एक जहान है।

खूंखार

जिस दिन ज़िन्दगी अपना सब कुछ दाँव पर लगा और गवाँ चुकी थी

उस दिन उसने मुझे मौत से डराना चाहा है

ऐ दुनिया भर के मर्दों!

और अपने आप को खूंखार लगने वालों

मैं चबाकर महीन करने की परम्परा का नायक हूँ

मैं खाता हूँ हाँ मैं दाँत हूँ तुम्हारा

राहत का सहारा हूँ, खास हूँ

मानवता अपनी रहस्यात्यामक से पृथक और क्या मान सकता हूँ

कवि कहने की परम्परा में शर्मशार हूँ

क्योंकि मुझे गूढ़ लिखने की परम्परा में जीना पड़ रहा है

और कविता जो किसी वजनदार हाथी की तरह

समझ में न आकर चिड़ियाघर की सुबह है

और उसकी-अपनी परम्परा है

याद है मुझे अब पहले जैसी आजादी नहीं है हाँ मैं खुश हूँ